Oda Tietz · Die schönsten Gerichte aus dem Harz

Verlag
für die Frau
Leipzig

Die schönsten Gerichte

Kulinarische Spezialitäten von Oda Tietz

aus dem Harz

Inhalt

Harzer Köstlichkeiten

Eine nicht nur kulinarische Liebeserklärung

War das eine Gaudi, als es im schönen, wild-romantischen und manchmal sogar schaurig-verhexten Harz noch das »Brezelexamen« gab! Da saßen die Jungen und Mädchen am letzten Tag eines Schuljahres mucksmäuschenstill auf ihren Bänken und blickten erwartungsvoll zur Tür. Gleich würde sie sich öffnen und riesige Waschkörbe, bis zum Rand gefüllt mit knusprigen, goldbraunen Brezeln, würden von den Stadtvätern hereingetragen werden. Daß das leckere Backwerk ganz in der Nähe war, verriet schon der Duft, der sich längst durch die Türritzen seinen Weg in die vermufften Klassenzimmer gebahnt hatte. Und dann war es soweit: Jedes Kind erhielt 12 »Knochen« (der Lehrer einige mehr), die auf farbigen Bändern aufgereiht waren. Eine Brezel durfte sofort aufgegessen werden. Denn alle sind das ganze Jahr über brav und fleißig gewesen. Welch willkommenes Zubrot, wo doch öfter als oft Schmalhans Küchenmeister war! Heute erinnern sich nur noch wenige an diesen schönen Brauch. Aber vielleicht lebt er ja wieder auf … (wird nicht auch heute noch emsig gelernt und gibt es nicht immer noch einen »letzten« Schultag im Jahr?!)

An anderen Schulen gab es den »Tag des Semmeldeil'ns«. Da gingen die Mädchen mit Körbchen, die Jungen mit großen, rotkarierten Schnupftüchern ausgerüstet, zum Unterricht. Besonders zeitig, denn es lohnte sich. Mein Großonkel Albert war auch einer von ihnen. In Wasserleben. Damals, vor neun Jahrzehnten. Er hat mir oft davon erzählt. Vor allem darüber, wie gern er in eine der runden, goldbraunen

Milchsemmeln gebissen hätte (nur ein einziges Mal!). Aber die bekamen die Lehrer und der Pastor. Die Kinder durften die knackigen, ein wenig kleiner geratenen Wassersemmeln »einsacken«. Die schmeckten gleich so aus der Hand, und sie versprachen zudem (manchmal) eine süße Leckerei für die ganze Familie: »arme Ritter«.

Es konnte sogar vorkommen, daß »reiche Ritter« auf den Tellern lagen, dann, wenn die Brötchenscheiben durch einen Eierkuchenteig veredelt worden waren. Aber das kam höchst selten vor und wenn, dann allenthalben in den Bürgerhäusern.

Die Speisen der Harzer waren einfach (Bescheidenheit ziert sie übrigens auch heute noch). Semmeln oder Weißbrot galten als Festtagsschmaus. Denn Weizenmehl wurde nur zu besonderen Anlässen, beispielsweise beim Hochzeits- oder Weihnachtsfest, verwendet – zu Butter- oder Topfkuchen, zu Schmant- oder Honigkuchen, zu Plunder oder auch zu »Gebildbrot« aus süßem Hefeteig: Zöpfe, Kränze, Brezeln, Stangen, Figuren, Dreitimpenbrot – ein dreieckiges Backwerk, dessen Ecken wie Kugeln aussehen. Auf den Wappen der Bäckergilde zu Goslar ist solch einfallsreich und akkurat geformtes Gebäck abgebildet. Zum Reinbeißen schön. Ja, hinterm Barge wird ok Kauken ebakken!

Brot wurde meist aus Roggen oder Hafer hergestellt. Auf Vorrat, versteht sich – in den Backhäusern, die es in jedem Dorf, in der Regel auch auf jedem Bauernhof, gab. Frisches Brot

Der Brocken, mit 1142 m die höchste Erhebung des Harzes

Urwüchsige Natur im Oberharz

war eine rare Delikatesse. Denn zu Zeiten, da man Hauptnahrungsmittel nur konservieren konnte, indem sie getrocknet, gedörrt, geräuchert, gepökelt wurden, wußte man frische Waren besonders zu schätzen. Das Sprichwort »Der hat sich was Schönes eingebrockt« könnte hier entstanden sein. Denn, um die konservierten Lebensmittel genießen zu können, mußten sie aufgeweicht werden. Es gab »Injeplocktes«.

Bergleute mußten sich bei schwerer Arbeit häufig mit hartem Brot begnügen. Sie brockten es in Wasser ein und nannten es spöttisch »Berghuhn« oder einfach nur »Köhlersuppe«. Hatten sie zum Brot noch Dörrobst oder Wildfrüchte, waren sie besser dran. Noch besser, wenn in der »Schiebesuppe« etwas Rauchfleisch, Pökelfleisch oder gar eine Scheibe Wurst schwamm. Den Bergleuten war zwar vom Landesherrn ein gewisses Quantum Hafer und Brotkorn zugesichert worden, aber das machte Familien mit drei und mehr Kindern nie satt. Wie sehnsüchtig wartete man auf die »Fruchttreiber«, die mit ihren Eselskarren das Brotkorn von den Kornspeichern in die Bergstädte brachte. Einige der Kornmagazine sind noch erhalten, zum Beispiel in Osterode, das zu den größten gehörte. Sogar das Kaiserhaus in Goslar diente lange Zeit als Kornspeicher.

Sparsamkeit in der Küche war oberstes Gebot. Da kann man sich gut vorstellen, wie willkommen das »Semmeldeil'n« war. Welch Eßvergnügen brachte es den Kindern, wenn sie die Semmeln am nächsten Morgen einbrocken

durften – meist nur in Zichorienkaffee. Konnten die Eltern Milchvieh halten, dann sagte die Mutter zufrieden: »Dei harre wat inne Melk tau bräken«.

Das Semmeldeil'n ist aus der Mode gekommen. Aber »arme Ritter« ißt man noch immer gern. Auch »Eingebrocktes«. Den Semmelbröckchen in der Milch gibt man noch eins drauf: eine große Portion Zucker. »Munke« oder »Paiassuppen« werden sie genannt. Und noch immer veredelt man altbackenes Brot mit Früchten oder Backobst, besonders gern mit »Backebeern« (getrocknete Birnen) zu einer wohlschmeckenden Brotsuppe. »Watte dek injeblocket hast, moßte ok utlöppeln« – in des Wortes wahrster Bedeutung.

Aus Semmeln konnte die Hausfrau auch köstliche Klöße herstellen. Klümpe. Ihr Aroma ist beachtlich, denn getreu der Tradition werden sie auf Sauerkraut, Weißkraut oder Pökelbraten gegart. Diese Zubereitung entstand aus praktischen Erwägungen: In der Ofenröhre konnten sie lange warm gehalten werden. Denn wann man vom Feld, von der Berg- oder Hüttenarbeit nach Hause kam, war selten genau zu sagen. Diese würzigen Klöße waren so beliebt, ganz besonders die »Langeln'schen Klümpe«, die aus 250 Gramm Butter, 6 Eiern, 200 Gramm Semmelbröseln, Salz und Muskat hergestellt werden, daß man Kinder damit trösten konnte: »Nu weene man nich, in de Röhre steit Klümpe, dei suiste blaut nich«.

Den Klümpen war von Anfang an eine große und vielfältige Küchenzukunft beschieden: Bald wurden sie nicht mehr nur aus Hirse, Grieß oder Semmeln (so man hatte!) geformt, sondern auch aus Kartoffeln, verfeinert mit Eiern und Mehl. Zur Kartoffelmasse kommen oftmals auch noch Fleisch-, Wurst- oder Speckwürfel. Die Küchenphantasie (sie bleibt allzeit wach!) bietet viele Möglichkeiten. Aber bevor die Kartoffel anerkannt wurde (und das dauerte, denn der Harzer reißt sich schwer von Gewohnheiten los) und somit zahlreiche schmackhafte und originelle Kartoffelgerichte entstehen konnten, war die Semmel Favorit und fast überall dabei. Sogar zur Schlachtzeit. Da liefert sie eine Besonderheit: die Semmelwurst. Sie wird aus fettem Bauchfleisch, Hirn und zur Hälfte aus Semmeln hergestellt. Und dann bekommt sie ihr Fett – aus dem Wurstkessel! Außerdem noch knusprig-gebräunte Zwiebeln, Salz, Pfeffer, Zucker, Zimt, Muskatblüte, Rosinen und Korinthen.

Überhaupt Würste! Hier versteht man sich aufs Wurstmachen! Wer sie genießen darf, lebt im Schlaraffenland. Oh, diese Würze, die Majoran, Thymian, Oregano, Wacholder, Beifuß, Rosmarin, Basilikum verrät. Und welche Vielfalt! Würste schmücken Semmeln, Brote, Kartoffelsalate, Eintopfgerichte, Aufläufe: dicke, dünne, lange, kurze, harte, weiche, fette, feine, heiße, kalte, scharfe, milde, gebratene, singende …

Allen voran die berühmte Schmorwurst. Sie ist noch heute ein bekannter Markenartikel und dampft gern (nachdem sie in heißem Wasser erhitzt wurde) neben Kartoffelsalat, Grünkohl, Sauerkraut. Ihr Hauptbestandteil ist Schweinemett, interessant gewürzt mit Koriander und

Kümmel, Salz und Pfeffer und … (wer verrät schon gern eine Spezialität?!)

Bodenständig ist auch die Mettwurst, die im Gemüsetopf mitgekocht wird und zudem ein beliebter Brotaufstrich ist. Sie wird aus Schweine- und Rindfleisch hergestellt, geräuchert und nachgetrocknet. »Mett« heißt in ursprünglicher Bedeutung Fleisch. Man kennt sie auch als frische Streichwurst. Dann ist sie allerdings zum alsbaldigen Gebrauch bestimmt.

Mettwürste haben viele Namen. Man nennt sie »Bratworscht« (nicht weil sie auf dem Rost gebraten wird, sondern weil »brat« für Fleisch steht), »Feldkieker«, wenn sie lang, »Hammerstiel«, wenn sie kurz geraten, »Knobeländer«, wenn Knoblauch im Spiel ist. Weiter gibt es die Schinken-, Schweiß(Blut)- und die Brägen-(Grütz)wurst, Kopfsülze, Napfsülze und natürlich die bekannten, knackigen Halberstädter Würstchen, die es getrost mit den berühmten Wiener und Frankfurter Würstchen aufnehmen können. Ein Herr Heine (nicht mit dem Dichter oder dem Vogelsammler zu verwechseln) hat sie vor 110 Jahren erfunden und damit kein geringes Geschäft gemacht. Zu dieser Halberstädter Köstlichkeit mit dem unverwechselbaren Geschmack von Buchenholz-Rauch gehört ein gut gekühltes traditionsreiches Halberstädter Bier.

Hatte man zur Schlachtezeit genügend »Schwein gehabt«, hingen viele gute Würste und Schinken in der Vorratskammer. Wer ein besonders großes sein eigen nennen konnte, hatte ein »Glücksschwein«. Denn es brachte die Familie

Die alte Residenz- und Handelsstadt Stolberg im Südharz mit dem Barockschloß

glücklich über den Winter. Wer sich ein solches Haustier halten wollte, mußte aber auch über genügend Speisereste verfügen. Das war durchaus keine Selbstverständlichkeit.

Einmal im Jahr kam der Hausschlachter. In der Regel war das ein Hobby-Schlachter, der sich das Handwerk angeeignet hatte, um einen Nebenverdienst zu haben. Außerdem fiel ja auch meist »ein gutes Stück« für ihn ab. Bedingung jedoch war, daß er sich aufs Würzen und Haltbarmachen verstand. Daran hat sich bis heute nichts geändert. Immer beim Schlachten dabei war auch der »Klare« (er sorgte dafür, daß Messer schärfer wurden!). Er wird in ein tulpenförmiges Glas geschüttet und von Mann zu Mann gereicht. Aber halt! Erst muß der Schlachter seinen Spruch aufgesagt haben: »Wenn das Fleisch am Haken hängt, wird erstmal einer eingeschenkt«. Zum Frühstück duftet gebratene Leber oder »Rotworschtsuer« (Blutwurst mit Zwiebelwürfeln, süß-sauer gewürzt) auf den Tellern. In der Gegend um Blankenburg wird »Brennewienskoschale« (geriebener Honigkuchen, übergossen mit einem Schuß »Klaren«) als Stärkung dazugereicht. Danach stürzt man sich aufs Wurstmachen.

Ganz so kraftaufwenig wie früher, wo das rohe Fleisch mit kleinen Beilen auf dem Hackeklotz zerkleinert werden mußte (und dabei auch schon mal ein Holzspan die Wurst zusätzlich würzte), ist die Arbeit heute nicht mehr. Kräftige Verwandte und Nachbarn, die tüchtig mit zupackten (und zuschlugen), waren da gern gesehene Gäste und sind es auch heute noch. Eine Belohnung ist ihnen immer sicher: Wurstbrühe und Würste, Gehacktes für Knäzchen und natürlich Pottsuse, die Fettschicht auf der Brühe. Sie ist noch immer ein begehrter Brotaufstrich oder »Stippe«. Zwischendurch kreist immer mal der »Schluck«, damit die Kehle nicht austrocknet. Und für Heiterkeit ist ebenfalls gesorgt: Als mein Onkel Albert noch ein Schuljunge war, sollte er mit der Schubkarre einen dringend benötigten »Speckhobel« holen. Solch einen besaß nur der Bauer Klein und der wohnte einige Kilometer weit weg. Selbstverständlich schlug der Bauer dem Jungen die Bitte nicht ab (er wußte!) und legte ihm das gut verpackte schwere Gerät in die Schubkarre. Der Rückweg dauerte etwas länger, denn die Schubkarre hatte ihr Gewicht. Als dann aus der Verpackung des Speckhobels 10 Ziegelsteine gepurzelt kamen, war das Gelächter groß

und der Junge puterrot. Nochmal ließ sich Onkel Albert nicht reinlegen. Den »Darmhobel« und die »Sülzpresse« mußten andere holen.

Die Stolberger Metzger sorgen beim Schlachten für eine ganz besondere Rarität, die »Stolberger Lerchen«. Keine Angst, es sind nicht die geliebten und possierlichen Singvögel gemeint, sondern pikant gewürzte Würstchen aus Rind- und Schweinefleisch und aus ...(???). Die Metzger halten das Rezept geheim. Ihren Namen erhielten die Würstchen wegen einer ungewöhnlichen Eigenschaft. Denn sobald sie in der Pfanne brutzeln, beginnen sie zu »singen« und zu »tirilieren« – solo, im Duett oder im Chor, mal andante, mal allegro. Sie machen den Singvögeln, eben den Lerchen, Konkurrenz.

Will man diese einzigartige Spezialität kennenlernen, muß man allerdings nach Stolberg reisen (in den Restaurants stehen sie immer auf der Speisekarte). Es lohnt sich – auch einer weiteren Kuriosität wegen: Da gibt es ein Rathaus, das soviel Fenster wie ein Jahr Wochen, soviel Scheiben wie ein Jahr Tage, so viele Türen wie ein Jahr Monate hat. Was daran das Besondere sein soll? Das entdeckt man, wenn man in der oberen Etage etwas erledigen will. Denn man sucht vergebens nach einer Treppe. Warum es keine gibt? Darüber ist viel gerätselt worden. Vermutlich ging den Stadtvätern seinerzeit das Geld aus. Und doch wird im Fachwerkobergeschoß residiert. Also wie kommt man hinauf? Ganz einfach: über eine Außentreppe zwischen dem Rathaus und einem Wohnhaus (der Rat wußte doch noch Rat, damals) – die seitliche

Schloß und Feudalmuseum Wernigerode auf dem Agnesberg

Die Teufelsmauer bei Blankenburg, eine 4 km lange,
klippenreiche Felsformation

Kirchentreppe mündet auf dem Kirchplatz.
Martin Luther, der, so weist es die Stadtchronik
aus, im Jahre 1525 das Städtchen besuchte, hat
die Stadtanlage mit der Gestalt eines Vogels ver-
glichen: So ist »das Schloß der Kopff, die zwey
Gassen wären die Flügel, der Markt der Rumpff,
die Niedergasse der Schwantz«. Nach einer Stärkung bei »Stolberger Lerchen« ließe sich das ja
überprüfen …

Eine andere, nicht minder köstliche Wurst-
spezialität kann man zu Pfingsten kennenlernen.
In Thale oder Benneckenstein. Die Finkenwurst.
Denn Pfingstfest ist auch Finkenfest – mit Finken,
Finkenvätern und Finkenwürstchen. Diese

Würste singen nicht. Ihren Namen verdanken
sie einem jahrhundertealten Brauch: Viele Harzer halten einen Vogel. Den hegen, pflegen und
schulen sie, denn diese Vögel sind sehr gelehrig.
Einmal im Jahr treffen sie sich und zeigen ihr
Können beim Finkenwettstreit, bei dem es auch
einen Sieger gibt – den Finkenkönig. Aber damit
ist nicht etwa der Sänger gemeint, nein, geehrt
wird der Sängervater, der Ziehvater gewisser-
maßen, ja, so kompliziert ist das! Die Jury ist
streng, lauscht und notiert die »Schläge«, die die
Finken zu »liefern« haben. Die kleinen Künstler
sieht man nicht. Die Käfige sind zugehängt,
denn sie dürfen ihren Nebenbuhler nicht sehen,
nur hören. Sie würden sonst versuchen, aufein-
ander loszugehen, und es könnte zu Verletzungen
kommen. Die Finkenväter wissen das. Vor allem,
auf welche Weise sie die meisten Schläge,
die »Reiterspazier«, »Putzebart«, »Blocks-
piepe«, »Waldzier«, »Rollreiter« heißen,
hervorlocken können.

Der Sängerwettstreit ist nicht zu überhören,
das erste schüchterne Schlagen wird bald drei-
ster und lauter: »Zip, zip, zip, – Reiterspazier!
– zick! – zip, zip, zip – Weizeptier«. Welch
fröhlicher Gesang läutet das Pfingstfest ein!
Aber Schlag ist nicht gleich Schlag und nicht
jeder entspricht den künstlerischen Anforde-
rungen des »Sängerkrieges«.

So kann man bald hören: »Dei metten ruht!«
»Wen heerten dei? No, denn tau, nimm 'ne
wech.« »Nein, halt emal! Ach wat, dei mot uht-
scheiden!« Gute Chancen hat, wer ganz rein
und gleichmäßig singt und nur kleine Pausen

Die niemals eroberte oder zerstörte Burg Falkenstein über dem Selketal enthält ein sehenswertes Jagdmuseum

zwischendurch einlegt. Wichtig ist das »zick« am Ende, das fachmännisch »abpinken« genannt wird. Zuletzt bleiben nur wenige, die um des Finkenvaters Ehre singen. Endlich steht der Sieger fest: Er sang rein genug, er pinkte ab, seine Pausen stimmten! Jetzt kommt die Preiskrönung – und dann wird gefeiert. Die ersten Jodler erklingen, und appetitliche Düfte umschmeicheln die Nase. Denn schon schmoren in glühender Asche mit Pergamentpapier umwickelte Würste. Was dann über die Lippen geht, sind köstliche Happen, die man nie vergißt, denn die Benneckensteiner Metzger verstehen ihr Handwerk. Sie halten sich an die überlieferte, bewährte Rezeptur, die nur sie kennen. Finkenwürstchen eben. Bei diesem Picknick darf der »Schluck« nicht fehlen – ein »Klarer« oder ein kühles Bier.

Es ist eine alte Tradition, den Finken Töne beizubringen. Die Harzer Bergleute nahmen dereinst die gelehrigen Tiere mit hinunter in die Stollen und Schächte, weil die gefiederten Sänger nicht nur für etwas Unterhaltung und Ablenkung sorgten, sondern auch ein Gespür für Katastrophen hatten. Nur erwischen lassen durfte man sich nicht, denn die Vogelstellerei war bei Strafe verboten. Finken waren des Adels Privileg. Ein gut schlagender Buchfink war lange Zeit ebenso wertvoll wie ein edler Rappe. Selbst Sachsenherzog Heinrich war diesen kleinen gefiederten Gesellen verfallen. Als ihm im Jahre 919 die Königskrone überreicht wurde, war er gerade voll und ganz mit dem Vogelfang beschäftigt. Die Stelle in Quedlinburg, wo man ihn antraf, heißt deshalb »Finkenherd«.

Finkenfreunde wird es immer geben – und bis zum nächsten Pfingstfest kann noch tüchtig geübt werden. »Zip, zip, zip Reiterspazier – zick«. Und hinterher gibt's wieder Benneckensteiner Finkenwürste. Eine, zwei, drei, viele …

Zu den wichtigsten Vorräten für den Winter gehörte auch das Gemüse. In der Regel waren das Kraut und Rüben, denn die versprachen sogar in dieser rauhen Gegend gute Ernte und etwas Gutes im Topf. Weißkohl wurde zu Sauerkraut verarbeitet und in Fässern aufbewahrt. Mohrrüben und Steckrüben überwinterten unter Sand im frostfreien Keller. Grünkohl gar überstand die kalte Jahreszeit bis ins Frühjahr hinein auf dem Feld. Dieser Krauskopf, der entgegen anderen Kohlarten keine geschlossenen Blätter hat (sie wachsen wie bei einer Palme aus dem Stiel), ist eines der ältesten Kohlgemüse überhaupt, schmackhaft dazu (besonders nach dem ersten Frost) und sehr gesund, denn er verfügt über Vitamin A und C, und seine Portion Mineralstoffe ist beachtlich.

Für die Kohlzubereitung kennt man seit langem viele Varianten, dabei spielt auch die Jahreszeit eine Rolle. Ab Juni, wenn der Kohl noch zart ist, ißt man ihn roh als Salat. Von September bis in den Dezember hinein kocht man Eintopfgerichte mit dem Hauch Pikanterie, der von den »Bratschen«, dem Backobst, kommt. Davon muß immer reichlich im Haus sein, denn auch Fleischspeisen, Suppen, Süßspeisen und Backwerk erhalten durch »Bratschen« Poesie. Und nicht zu vergessen, die Früchte aus Wald und Flur, die ebenfalls konserviert werden. Auch

Blick über die alte Kaiserstadt Goslar

heute noch. Heidelbeeren, Brombeeren, Hagebutten, Schlehen – und natürlich Pilze. Die Früchte werden zu Marmelade, Kompott oder Likören verarbeitet. Die Goslarer bereiten seit langem aus Hagebutten einen vorzüglichen Wein. Das Konservieren ermöglichte schon in der Vergangenheit so manche einzigartige Köstlichkeit. Welch ein Genuß, wenn an kalten Winterabenden eine Holunderbeerensuppe mit Grießklümpen das Blut in Wallung bringt!

Alljährlich wartet man sehnsüchtig auf den ersten Frost, denn dann kommt (endlich) Grünkohl mit Mettwurst auf die Teller. Auch »Witten Kohl« ißt man sich nie über. Und wo er ist, sind Gepökeltes und die »Klümpe« nicht fern. Die

Das »Brusttuch« in Goslar, ein 1526 erbautes Patrizierhaus, heute Restaurant

werden manchmal mit »Mareih« (Meerrettich) verfeinert, der in den Monaten mit »r« geerntet wird. Ins Glas kommt Bockbier, das das einst beliebte Braunbier, den »Pupparschknall«, abgelöst hat. Und was fehlt noch nach solch einem deftig-pikanten Genuß? Ein Magenbitter aus vielerlei Kräutern, z. B. »Schierker Feuerstein«! Wer dann noch Durst hat, hält sich daran: »Drink Water, denn bliwwste bie Vorrstand«.

Rotkohl gibt Gänse- und Entenbraten und – nicht zu vergessen – den schmackhaften Wildgerichten den letzten Pfiff. Wildgerichte kamen bei den einfachen Leuten allerdings nur höchst selten auf den Tisch …

Da man es im Harz mit Hexen zu tun hat, mußte man lernen, sich ihrer zu erwehren. Schließlich ist gegen jedes Übel ein Kraut gewachsen – also auch gegen Hexenpein. Ihre Aufdringlichkeit in der Walpurgisnacht ist ja hinlänglich bekannt und nur wer es mit ihnen aufnehmen *will*, stärkt sich zuvor tüchtig an Selleriesalat und -püree, denn um des Selleries beachtliche Wirkung ist man bestens im Bilde!

Als Hexenschreck gelten Lauch, Knoblauch, Zwiebel oder Bärenlauch. Das wissen die Harzer seit vielen hundert Jahren und halten sich daran (wer in den Harz reist, sollte es bedenken). Hexen hassen Zwiebeldüfte, vor allem den von Bärenlauch, der im Volksmund auch Bärlauch, Hexenzwiebel, Ramsen, Zigeunerlauchkraut, Nonnenzwiebel heißt, und setzen daher, davor sei gewarnt, ihr Zaubermittel, den Machandelbaum (Wacholder) dagegen oder sie schicken den »Butterteufel«, der die Milch verhext, so daß aus Sahne keine Butter wird.

Dem Bärenlauch sagt man nach: »Wenn man ihn in Ilsenburg ißt, kann man's in Wernigerode riechen!« Aber auch das: »Ramsen genossen im Mai, ist besser, als das ganze Jahr Arznei«.

Ein ganz besonderes Kraut also? Bärenlauch, der so heißt, weil ihm Bärenkräfte zugeschrieben werden, ist ein Verwandter des Knoblauchs – und ebenso gesund, denn auch er verfügt über kräftigende und blutreinigende Eigenschaften. Er zählt zu den ältesten Heilpflanzen, und wer ihn für sich entdeckt hat, huldigt ihm ein Leben lang. Der Harzer verwendet dieses wilde Kraut von April bis Juni anstelle von Knoblauch für alle Speisen. Besonders mag er ihn an Salaten und in Verbindung mit dem anderen duftenden Gesellen, dem Harzer Stinker. Da thront er kleingeschnitten als i-Punkt auf Harzer Tatar oder auf Brotscheiben, die zuerst dick mit Fett bestrichen und dann mit Harzer Käsescheiben belegt wurden.

Warum nur hat des Harzkönigs Töchterlein, die liebliche Prinzessin Kunigunde, keinen (oder zu wenig) Bärenlauch gegessen? Der schreckliche Unhold Bodo hätte sie ganz gewiß in Ruhe gelassen. Sie wäre niemals zu dem wagemutigen Sprung über den Felsenabgrund gezwungen worden. Die güldene Krone, die sie dabei verlor – und die noch immer nicht gefunden wurde! – läge nicht in den kalten Fluten der Bode. Aber dann gäbe es keine Sage von der Roßtrappe … Und die gehört zum schaurigschönen und romantischen Harz wie der Hexen-

Klosterruine Walkenried am südlichen Abhang des Harzes mit dem noch ganz erhaltenen Kreuzgang

tanzplatz, die Walpurgisnacht, die Teufelsmauer oder die blaue Blume der Romantik, die noch immer im Selketal wächst …

Über die Eigenwilligkeit dieser Landschaft, die Schroffheit und Idylle, die bizarren Felsen und anmutigen Täler, die springenden Quellen und reißenden Bäche, die dunklen Wälder, steilen Hänge, saftigen Wiesen, wurde vielfach gedichtet, geschrieben, gesungen. Hierher kamen Goethe, Heine, Chamisso …

Auch Theodor Fontane zog es in die »Harzesstille«. Besonders die Roßtrappe hatte es ihm angetan: »Wir sahen in die reiche Landschaft hinein, aus der in nächster Nähe die pittoresken

Gebilde der Teufelsmauer und weiter zurück die Quedlinburger und Halberstädter Turmspitzen aufragen … hier ist alles Weitblick. Und Weitblicke machen einem die Seele weit …«. Man kann es nachempfinden, wenn man dort oben steht.

Mein Onkel Albert war nie wählerisch, wenn es ums Essen ging. Gegessen wurde, was auf den Tisch kam. Das war so Brauch. Aber ein Kostverächter war er auch nicht. Besonders, wenn es um »seinen« Käse aus Magermilchquark ging.

Immer, wenn ich diesen Stinker rieche, habe ich vor Augen, wie Onkel Albert bedächtig, ja geradezu penibel die Käseglocke lüftete und genießerisch schnupperte – die Nase ganz dicht am Käse, die Zunge zwischen den Lippen, den Blick ins Jenseits gerichtet. Und schon, ganz schnell, breitete sich der Duft im ganzen Zimmer aus. Andächtig schnitt er von den goldgelben Rollen Scheibe für Scheibe ab und prüfte, ob auch wirklich keine Quarkkrümelchen seinen Geschmack beeinträchtigen könnten (die machten ihn ungemütlich). Seine Vorstellung vom Käsegenuß habe ich mir fest eingeprägt: Durch muß er sein, laufen muß er, aber bewegen darf er sich nicht!

Wenn Onkel Albert Zeit hatte, bereitete er »seinen echten« Sauermilchkäse selbst zu, so wie er es seiner Mutter abgeguckt hatte. Und die hatte es von ihrer Mutter und die hatte es … Familienkäse also. Per Hand. Jeder Handgriff sitzt: Milch wird durch einen Leinensack geschüttet, damit die Molke ablaufen kann. Die

feste Substanz erhält eine Würze von Salz und Kümmel und wird zu länglichen Würstchen geformt … Die schichtet man auf ein Brett, das »Käserick«, nahe dem Herd zum Trocknen und später in einen Steintopf. Dort muß der Käse reifen. Sobald er »durch« ist, kommt er mit seinen Partnern, dem kräftigen Landbrot, bestrichen mit Schmalz oder Gänsefett, Bärenlauch und Speckscheiben auf den Teller. Und dann wird kräftig zugelangt.

Auch aufs »Buttern« mußte sich so manche Harzer Hausfrau verstehen. Das war schwere körperliche Arbeit und der Erfolg nie hundertprozentig gesichert. Leicht konnte etwas schiefgehen, zumal, wenn die Hexen ihre »Butterteufel« ausgeschickt hatten, die die Sahne flockig machten oder verschmutzten. Dann stöhnte die Köchin verzweifelt: »Wennet nich bottern will, denn bottert et nich!«

Wer über größere Mengen Milch verfügte und reichlich »bottern« konnte, besaß ein hohes, hölzernes Butterfaß. Mit einer Stange, an der der »Buttertreter« befestigt war, wurde die Sahne geschlagen, die sich allmählich unter anstrengendem Rühren zu Butter entwickelte, ehe sie dann noch per Hand von »überschüssiger« Flüssigkeit befreit wurde. Solch ein Faß mit einer »botternden« Köchin ist in Goslar verewigt: die Butterhanne. Seit Anfang des 16. Jahrhunderts ziert sie das Fachwerkobergeschoß eines Patrizierhauses im Zentrum der Stadt – das »Brusttuch«.

Den Namen verdankt dieses Haus seinem Aussehen: Die Bauweise ähnelt den spitz ver-

Die Okertalsperre, ein beliebtes Naherholungsziel

laufenden Brusttüchern, wie sie in spätgotischer Zeit zur Damenmode gehörten. Heute ist das »Brusttuch« ein Restaurant. Wer beim Betrachten der »Brusthanne« sehr sehr leise ist, hört sie vielleicht das Lied von den Butterfrauen singen: »Mit der linken Hand, da buttert sie, die rechte am Gesäße, so macht man gerne hier zu Land, den guten Harzer Käse«.

Nun aber frisch zugelangt! Mein Onkel Albert würde sagen: »Ätn un Drinken höllt Liew un Seele tesamme! Wer dat Ätn mag, dei mag et, un wer et nich mag, dei kann et bleibn latn«. Aber natürlich mag man! Sonst würde man sich doch um so manchen deftig-pikanten und lieblich-süßen, verlockenden Zungenspitzenreiter bringen …

Rund ums Harzer Tatar

Vorspeisen und Salate

Hackus und Knieste

12 mittelgroße Kartoffeln

Öl · Salz · 1 EL Kümmel · Pfeffer

500 Gehacktes vom Schwein

1 Zwiebel · Gewürzgurken

Die Kartoffeln waschen, abbürsten, trocken-tupfen und halbieren. Mit der Schnittfläche auf ein gut eingefettetes Backblech legen und mit Salz und Kümmel bestreuen. Im vorgeheizten Backofen bei 220° C 40 Minuten backen. Das Gehackte mit Salz, Pfeffer und geschälter, feingeschnittener Zwiebel würzen und zusammen mit Gewürzgurken, Bier, Korn und den Kartoffeln, der Knieste, servieren.

Ilsenburger Bärlauchkuchen

Für den Teig:

250 g Mehl · 2 Eier · Salz · 4 EL Sonnenblumenöl

2 EL Mineralwasser (kohlensäurehaltig)

Für den Belag:

100 g Schinkenspeck · 150 g frische Bärlauchblätter

50 g Butter · 4 Eier · 1 Becher saure Sahne

2 EL Reibekäse · Salz

frisch gemahlener schwarzer Pfeffer

1/2 TL Kümmel · 150 g gare Kasselerbratenwürfel

Für den Teig: Das Mehl auf ein Backblech sieben und in die Mitte eine Vertiefung drücken. Eier, Salz, Öl und Mineralwasser in die Vertie-fung geben und mit einem Messer die Teigzu-taten durchhacken. Die Brösel rasch zu einem glatten Teig verarbeiten und abgedeckt eine Stunde an einem kühlen Ort ruhen lassen.

Für den Belag: Den Speck in Würfel schnei-den und anbraten. Bärlauchblätter waschen, kleinschneiden und mit der Butter zu den Speckwürfeln geben. 5 Minuten dünsten und danach etwas auskühlen lassen. Die Eier verquirlen, den gedünsteten Bärlauch mit den Speckwürfeln, Sahne, Käse, Gewürze und Fleischwürfel zufügen und verrühren.

Den Teig ausrollen, in eine gefettete Form legen und mehrmals mit einer Gabel einstechen. Die Bärlauchmasse auf dem Teig verteilen. Im vorgeheizten Backofen bei 180° C etwa 45 Minuten backen. Heiß servieren.

Halberstädter Würstchenspieße

8 Halberstädter Würstchen (oder Wiener Würstchen)

200 g Harzer Schlackwurst

1 marinierter Paprika · 2 saure Gurken

20 gare Champignonköpfe

50 g Butter · Tomatenketchup

Jedes Würstchen dreimal durchschneiden. Die Wurst in Würfel, den Paprika in Streifen und die Gurken in Scheiben schneiden. Im Wechsel mit den Champignonköpfen auf Spieße reihen. In einer Pfanne die Butter erhitzen und die Würst-chenspieße darin ringsum knusprig braten.

Hackus und Knieste gibt es im Harz in vielen Variationen

Harzer Tatar aus dem beliebten Harzer Käse

Dazu Tomatenketchup und mit Majoran- oder Knoblauchbutter bestrichene Schwarzbrotscheiben servieren.

Viererlei-Törtchen

Für den Teig:

125 g Mehl · 2 Eigelb · 1 kräftige Prise Salz

1 EL Butter · Butter für die Förmchen

Für den Belag:

300 g Gemüse (Spargel, Grünkohl, Möhren, rote Bete)

Für den Guß:

$^1\!/_8$ l saure Sahne · 1 Ei · 2 Eiweiß · Salz

frisch gemahlener schwarzer Pfeffer

1 Messerspitze Muskat

Das Mehl in eine Schüssel sieben. Eigelb, Salz und Butterflöckchen zufügen und alles zu einem geschmeidigen Teig verarbeiten. Kühl stellen. Das Gemüse putzen, kleinschneiden und in Salzwasser 2 Minuten blanchieren. Danach in kaltem Wasser abschrecken, damit die Leuchtkraft der Farben erhalten bleibt. Den Teig dünn ausrollen. Kleine Tortenförmchen ausbuttern und mit Teig belegen. Im vorgeheizten Backofen bei 220° C 5 Minuten backen. Jetzt das abgetropfte Gemüse darauf anordnen. Die saure Sahne mit Ei, Eiweiß und den Gewürzen verschlagen und über dem Gemüse verteilen. Die Förmchen wieder in den Backofen schieben und weitere 15 Minuten bei 180° C backen.

Eier-Porree-Auflauf

3 Stangen Porree · 200 g Speck · 4 kleine Kartoffeln

100 g Mehl · 100 g Butter · 4 Eier · Salz

Fett für die Form · Schnittlauchröllchen

Den Porree waschen und trockentupfen. Speck und Porree in dünne Scheiben schneiden. Die Kartoffeln schälen und grob raffeln. Aus Mehl, Butter, 1 Ei und Salz einen glatten Teig kneten und daraus 2 Platten in Größe der Springform ausrollen. Die Form ausfetten, eine Teigplatte daraufgeben. Einen Rand andrücken. Speckscheiben auf dem Teig verteilen, Kartoffeln und Porree darübergeben. Die restlichen Eier verquirlen, etwas salzen und über das Gemüse gießen. In die zweite Teigplatte kleine Öffnungen schneiden, damit der Dampf entweichen kann. Die Platte locker auflegen und die Ränder festdrücken. Im vorgeheizten Backofen bei 200° C etwa 40 Minuten backen. Mit Schnittlauchröllchen garniert sofort servieren.

Harzer Tatar

400 g Harzer Käse

2 Zwiebeln · 150 g Butter · 2 EL Senf

2 TL Paprikapulver edelsüß

3 Eigelb · 5 EL saure Sahne

Außerdem:

4 Scheiben Bauernbrot · 4 frische Salatblätter

2 Tomaten · Crème fraîche

Schnittlauchröllchen oder feingehackter Bärlauch

Den Käse fein hacken. Die Zwiebeln schälen, ebenfalls fein hacken und zum Käse geben. Butter, Senf, Paprika, Eigelb und Sahne untermengen. Alles einige Minuten durchziehen lassen. Inzwischen die Brotscheiben auf Tellern oder Holzbrettchen anrichten und mit den gewaschenen, abgetropften Salatblättern belegen. Den Käsesalat darauf verteilen und mit den Tomatenscheiben bedecken. Zuletzt mit Crème fraîche und Schnittlauchröllchen oder gehacktem Bärlauch garnieren.

Knäzchen

1 Zwiebel · 1 Gewürzgurke

500 g Gehacktes vom Schwein

Salz · frisch gemahlener schwarzer Pfeffer

4 Scheiben Bauernbrot oder 4 Roggenbrötchen

100 g Butter

Die Zwiebel schälen und fein schneiden. Die Gurke in kleine Würfel schneiden. Das Gehackte in eine Schüssel geben und mit Zwiebel, Gurke, Salz und Pfeffer vermengen. Brotscheiben oder halbierte Brötchen mit Butter bestreichen und mit dem gewürzten Gehackten belegen. Komplett wird das Ganze mit einem kühlen Pils und einem kleinen Gläschen (oder zwei?) Korn. Denn »de Menner hebben alle en Brand, un brennet se nicht, sau glimmet se doch!« In der Gegend um Wernigerode trinkt man nach dem Essen gern einen Främten (Bitterschnaps). Der läßt sich ganz einfach herstellen: Man braucht

klaren Schnaps und Wermutstengel. Auf eine Literflasche rechnet man 1 bis 2 Stengel. 14 Tage muß man dann warten, bis der erste »Schluck« genommen werden kann.

Specksalat

2 Köpfe Blattsalat · 150 g durchwachsener Speck

2 EL Weinessig · Salz · 2 EL Sirup

Schnittlauchröllchen

Den Salat waschen und abtropfen lassen. Zerkleinert auf 4 Salattellern anrichten. Den Speck in kleine Würfel schneiden und in einer Pfanne knusprig braten. Vom Feuer nehmen und mit Essig, Salz und Sirup vermischen. Speckwürfel über die Salatblätter geben und sofort servieren. Mit Schnittlauchröllchen garnieren.

Wildsalat

4 Tomaten · 1 Bund Lauchzwiebeln

2 EL gehackter Bärlauch · 400 g gare Wildfleischwürfel von Hasen- oder Hirschkeule · 1 Handvoll Kresse

Für die Sauce:

10 EL Weinessig · frisch gemahlener weißer Pfeffer

Salz · 1/2 TL Zucker · 1/8 l Öl

je ein Bund Petersilie, Schnittlauch, Kerbel, Dill

Die Tomaten waschen und in Scheiben schneiden. Lauchzwiebeln schälen und in Achtel, etwas von dem Grün in Ringe schneiden. Tomaten,

Specksalat – eine deftige »grüne« Spezialität

Zwiebeln und Bärlauch in eine Salatschüssel geben und die Wildfleischwürfel untermischen. Kresse darüberstreuen.

Für die Sauce den Essig mit Pfeffer, Salz und Zucker verrühren und das Öl unterschlagen. Die Kräuter waschen, abtropfen lassen, fein hakken und unter die Sauce mischen. Den Wildsalat auf Salattellern anrichten, etwas Sauce angießen und kräftiges Schwarzbrot dazu reichen. Auch Semmelkuchen wird gern hierzu gegessen, allerdings wird er dann ohne Zucker gebacken. Obenauf gibt man etwas Salz und Majoran.

Steckrübensalat

750 g Steckrübe

1 l Fleischbrühe · 200 g garer Pökelbraten

6 EL Weinessig · Salz

frisch gemahlener schwarzer Pfeffer

6 EL Öl · 2 EL gehackte Kräuter

150 g durchwachsener Speck

Die Steckrübe schälen und waschen. In Scheiben und danach in schmale, dünne Streifen schneiden. Die Brühe erhitzen, die Steckrüben-

streifen hineingeben und bei milder Hitze 10
Minuten garen. Mit einer Kelle herausnehmen
und in eine Schüssel geben. Das Fleisch in kleine Streifen schneiden und untermengen. $1/2$ Tasse
Brühe mit Essig, Salz, Pfeffer, Öl und Kräutern
verrühren und über die Steckrübenstreifen gießen. Zugedeckt durchziehen lassen. Inzwischen
den Speck in kleine Würfel schneiden, knusprig
braten und vor dem Anrichten heiß über dem
Salat verteilen. Sofort servieren.

Linsensalat

250 g rote Linsen · $1/2$ l Gemüsebrühe

250 g junge grüne Bohnen · 50 g Sellerie

10 gare Champignonköpfe

4 EL Weinessig · 1 EL Honig · 4 EL Sonnenblumenöl

Salz · frisch gemahlener schwarzer Pfeffer

4 EL frische, gehackte Kräuter (Schnittlauch,
Petersilie, Dill)

Die Linsen in der Gemüsebrühe zum Kochen
bringen und 15 Minuten garen. Danach abgießen. Die gewaschenen Bohnen in kleine Stücke
schneiden und 5 Minuten blanchieren. Den
Sellerie schälen und fein reiben. Die Champignonköpfe in feine Scheiben schneiden. Aus

Essig, Honig, Öl, Salz und Pfeffer eine Marinade
bereiten. Linsen, Bohnen, Sellerie, Champignons
und Kräuter in eine Schüssel geben, die Marinade auffüllen und alles vermischen.

Selleriesalat

1 Sellerie (500 g) · 3 EL Zitronensaft

Für die Salatsauce:

$1/2$ Eigelb · Salz

1 Messerspitze scharfer Senf · 4 EL Weinessig

$1/8$ l Sonnenblumenöl · 4 EL warme Brühe

frisch gemahlener weißer Pfeffer

1 kräftige Prise Zucker

1 TL Worcestershiresauce

Die Sellerieknolle schälen und in Salzwasser
bißfest garen. Inzwischen die Sauce bereiten.
Dafür Eigelb, Salz, Senf und Essig gut verschlagen. Das Öl tropfenweise unter Rühren dazu-
gießen. Brühe zufügen und alles gut verschlagen. Mit Pfeffer, Zucker und Worcestershiresauce abschmecken.

Den garen Sellerie auskühlen lassen, in Streifen schneiden, den Zitronensaft darüber geben.
Danach die Sauce vorsichtig unter die Sellerie-
streifen ziehen.

Von Runx-Munx und Kohltopf mit Lamm

Suppen und Eintöpfe

Harzer Wurzelfleisch

800 g Schweinefleisch · 2 Zwiebeln

2 Knoblauchzehen · 1 Wurzelwerk (Suppengrün)

4 Kartoffeln (200 g) · Salz

frisch gemahlener schwarzer Pfeffer · 1 EL Majoran

2 Lorbeerblätter · 1 Zweig Thymian · 1 l Fleischbrühe

2 EL Weinessig · 2 El gehackte Petersilie

Das Schweinefleisch in kleine Würfel schneiden. Die Zwiebeln und die Knoblauchzehen schälen, fein hacken und zum Fleisch geben. Das Wurzelwerk putzen, die Kartoffeln schälen, alles kleinschneiden und mit den Gewürzen ebenfalls zum Fleisch geben. Brühe angießen, zum Kochen bringen und auf kleiner Flamme 40 Minuten köcheln lassen. Lorbeerblätter und Thymianzweig entfernen. Mit Weinessig abschmecken. Zuletzt die Petersilie darüberstreuen.

Runx-Munx

200 g Zwiebeln · 2 Knoblauchzehen · 2 Stangen Lauch

50 g Butter · 1 l Fleischbrühe

500 g Weißkohl · 400 g Steckrüben · 2 Mohrrüben

750 g Schweinekamm · 1 TL Majoran

200 g Kartoffeln · 2 Birnen

Außerdem:

4 Scheiben Bauernbrot · 50 g Butter · Knoblauchsalz

Die Zwiebeln und die Knoblauchzehen schälen und fein hacken. Den Lauch putzen und in Ringe schneiden. Die Butter erhitzen, Zwiebeln und Lauch darin andünsten und die Brühe angießen. Den Weißkohl, die Steckrüben und die Mohrrüben putzen, zerkleinern und zusammen mit dem in Würfel geschnittenen Fleisch zur Brühe geben. Knoblauch und Majoran zufügen. Bei geschlossenem Deckel 45 Minuten köcheln lassen. Die geschälten und in Würfel geschnittenen Kartoffeln und Birnen zugeben und alles noch weitere 15 Minuten bei mäßiger Hitze garen. Die Brotscheiben in erhitzter Butter auf beiden Seiten goldgelb braten. Etwas Knoblauchsalz darüber streuen und mit dem Runx-Munx anrichten.

Anstelle von Schweinekamm wird auch Lammfleisch, Rauchfleisch oder Ochsenschwanz verwendet. Mancherorts wird dem Runx-Munx auch noch hartgeräucherte Mettwurst (Schlackwurst) zugegeben.

Grünkohleintopf

10 getrocknete Aprikosen · 2 kg ungeputzter Grünkohl

3 Zwiebeln · 2 Knoblauchzehen · 2 El Butter

1 l Fleischbrühe · Salz

frisch gemahlener schwarzer Pfeffer

1 EL frischer oder getrockneter Thymian

500 g Kartoffeln · 300 g Harzer Schmorwurst

Die Aprikosen in lauwarmem Wasser quellen lassen. Vom Grünkohl die Blätter von den Stengeln streifen, dabei die gelben Blätter entfernen. Den Kohl abbrausen, abtropfen lassen und grob hacken. Zwiebeln und Knoblauchzehen pellen

Runx-Munx, eine Eintopfspezialität, stammt aus dem Unterharz und dem Harzvorland

und kleinschneiden. 1 Eßlöffel Butter in einem großen Topf erhitzen und die Zwiebeln darin glasig werden lassen. Knoblauchzehen und nach und nach den Grünkohl zugeben und dünsten. Dabei mehrfach umrühren. Brühe angießen, Salz, Pfeffer und Thymian zufügen und zum Kochen bringen. Zugedeckt bei milder Hitze 15 Minuten köcheln lassen. Inzwischen die Kartoffeln schälen und in Würfel schneiden. Die Aprikosen abtropfen lassen und zerkleinern. Beides zum Grünkohl geben und 10 Minuten köcheln lassen. Die Schmorwurst hineinlegen und alles noch 10 Minuten bei kleiner Hitze garen. Die Wurst herausnehmen und in Scheiben schneiden. Den Eintopf auf Suppentellern verteilen und die Schmorwurstscheiben darauf anrichten. Übrigens: Grünkohl schmeckt besonders aromatisch, wenn er den ersten Frost abbekommen hat. Dann verwandelt sich ein Teil der Stärke in Zucker. Außerdem werden Gerbstoffe abgebaut. Diesen winterharten Gesellen sieht man in Harzer Küchen von Mitte November bis ins Frühjahr.

Kohltopf mit Lamm

600 g Lammfleisch · 2 EL Öl · 2 EL gehackte Zwiebel

Salz · frisch gemahlener schwarzer Pfeffer

2 Lorbeerblätter · 1 EL Kümmel · 1 Weißkohl (1 kg)

2 Mohrrüben · 500 g Kartoffeln · 2 Birnen

Das Lammfleisch in Würfel schneiden. Das Öl erhitzen, Fleisch und Zwiebel darin anbraten. Salz, Pfeffer, 1 Liter Wasser, Lorbeerblätter und

Kümmel dazugeben und zugedeckt 30 Minuten garen. Den Weißkohl in Viertel teilen und in Streifen schneiden. Den Strunk entfernen. Die Mohrrüben putzen und in feine Scheiben, die Kartoffeln schälen und in Würfel schneiden. Kohl, Mohrrüben und Kartoffeln zum Fleisch geben und alles noch 25 Minuten garen. Die Birnen schälen, in Viertel, dann in Spalten schneiden. Das Kernhaus entfernen. 10 Minuten vor Ende der Garzeit die Birnenspalten dazugeben. Abschmecken und sofort servieren.

Mohrrübentopf

200 g Rauchfleisch · 1 Zwiebel · Salz

4 Gewürzkörner · 600 g Mohrrüben · 400 g Kartoffeln

1 EL Butter · 2 EL gehackte Petersilie

Außerdem:

4 Scheiben Bauernbrot · 30 g Butter

Das Fleisch in kleine Würfel schneiden. Die Zwiebel schälen und fein hacken. Beides mit $3/4$ Liter Wasser, Salz und Gewürzkörnern zum Kochen bringen und 40 Minuten köcheln lassen. Mohrrüben putzen, Kartoffeln schälen, in kleine Stücke schneiden und zur Fleischbrühe geben. $1/2$ Liter siedendes Wasser angießen. Alles zugedeckt weitere 15 Minuten köcheln lassen. Kalte Butter einrühren und auf vorgewärmte Teller füllen. Mit Petersilie bestreut servieren. In Butter geröstetes Bauernbrot dazu reichen.

Übrigens: »Jestohlene Mauren (Mohrrüben) smecket am besten« – das behauptet man

zumindest augenzwinkernd von Zusammen-
gekochtem (manche nennen es auch Schwellen-
hüpfer) aus Kartoffeln und Rüben.

Wenn gar »Arftn un Maurn mit Klackklump«
auf den Tisch kommen, läßt man sich besonders
gern nieder. Nach dem dritten Teller wünscht
man sich: »Ach, Buuk, wörreste doch 'ne
Schüne!« Denn bei diesem Gericht aus Erbsen
(Arftn) und Mohrrüben werden köstliche
Klößchen aus Mehl, Ei, Salz, Zucker, Muskat
und Butter in die Suppe »geklackt«. Mohrrüben
sind so beliebt, daß man seit Ende des 19. Jahrhunderts Saft, ja sogar einen köstlichen Kuchen
daraus herstellt.

zufügen und die heiße Brühe angießen. Alles
zum Kochen bringen und bei geringer Hitze
30 Minuten köcheln lassen. Warm stellen.

Für die Pilzklümpe die Pilze putzen, waschen
und kleinhacken. Die Butter erhitzen, die Pilze
darin 5 Minuten dünsten. Die Milch mit Salz
und der restlichen Butter zum Kochen bringen,
den Grieß einrühren und unter Rühren ausquellen lassen. Vom Herd nehmen, etwas auskühlen
lassen. Dabei hin und wieder rühren, damit sich
keine Haut bildet. Pilze, Ei und Muskat untermengen. Kleine Klöße formen und in kochendes
Salzwasser geben. 15 Minuten bei 90° C garen
und anschließend in den Bohnentopf legen.

Bohnentopf mit Pilzklümpen

---

200 g Räucherspeck · 500 g grüne Bohnen

250 g Kartoffeln · 2 Birnen · Salz · Bohnenkraut

$^1/_2$ l Fleischbrühe

Für die Pilzklümpe:

500 g Waldpilze (Maronen, Rotkappen,

Steinpilze, Pfifferlinge)

100 g Butter · $^3/_8$ l Milch · Salz

125 g Grieß · 1 Ei · 1 Msp. abgeriebene Muskatnuß

Den Räucherspeck in Streifen schneiden und
den Topfboden damit belegen. Die Bohnen putzen und in Stücke, die Kartoffeln und die Birnen
schälen und in grobe Würfel schneiden. Von
den Birnen das Kernhaus entfernen. Auf die
Speckscheiben geben und salzen. Bohnenkraut

Wildsuppe

---

50 g durchwachsener Speck · 30 g Margarine

1 Möhre · 1 Zwiebel · 1 Knoblauchzehe

250 g Wildfleisch · Salz

frisch gemahlener schwarzer Pfeffer

4 Wacholderbeeren · 1 Lorbeerblatt

$^1/_2$ l Brühe · $^1/_4$ l Rotwein

3 EL Preiselbeeren (konserviert)

$^1/_2$ TL abgeriebene unbehandelte Zitronenschale

$^1/_8$ l Schlagsahne · 1 EL Mehl · 1 EL Weinbrand

Außerdem:

4 Scheiben kräftiges Schwarzbrot · Gänsefett

Den Speck in Würfel schneiden und in erhitzter Margarine andünsten. Die Möhre putzen,
waschen und fein schneiden. Die Zwiebel und
die Knoblauchzehe schälen und fein hacken.

Möhre, Zwiebel und Knoblauchzehe und das in
Würfel geschnittene Wildfleisch zum Speck
geben. Salz, Pfeffer, Wacholderbeeren, Lorbeerblatt zufügen und die Brühe angießen. 30 Minuten bei kleiner Hitze köcheln lassen, dabei hin
und wieder umrühren und den Rotwein zugießen.
Mit Preiselbeeren und Zitronenschale abschmecken. Das Lorbeerblatt entfernen. Sahne
und Mehl verrühren und die Suppe damit
binden. Zuletzt den Weinbrand unterrühren.
Auf vorgewärmte Teller füllen. Schwarzbrot mit
Fett bestreichen und dazu reichen.

Klumpsuppe

4 Brötchen vom Vortag · 1/8 l Milch · 1 Zwiebel

1 Knoblauchzehe · 125 g durchwachsener Speck

1 EL weiche Butter · 2 Eier · Salz

frisch gemahlener schwarzer Pfeffer

3 EL gehackte Petersilie · 1 1/2 l Fleischbrühe

Die Brötchen kleinschneiden und die Milch darübergießen. Die Zwiebel und die Knoblauchzehe schälen und fein schneiden. Den Speck in
kleine Würfel schneiden und knusprig braten.
Die Butter mit den Eiern und Salz, Pfeffer, Zwiebel, Knoblauch, Speckwürfeln und 1 Eßlöffel
Petersilie vermischen und in die Brötchenmasse
einarbeiten. Kleine Klößchen von 1 cm Durch-
messer formen. Die Brühe erhitzen, die Klößchen
hineingeben und 8 Minuten köcheln lassen. Zuletzt die restliche Petersilie zugeben und mit
Bauernbrot zu Tisch bringen.

Selleriecremesuppe

500 g Sellerie · 1 1/4 l Fleischbrühe · 30 g Butter

1 EL Mehl · Salz · 1 Eigelb · 6 EL Schlagsahne · Selleriegrün

Den Sellerie schälen, in kleine Würfel schneiden
und in der Brühe etwa 50 Minuten garen. Anschließend passieren. Die Butter erhitzen, das
Mehl darin anschwitzen und die Suppe unter
ständigem Rühren auffüllen. Salzen und noch
einige Minuten köcheln lassen. Vom Feuer nehmen. Eigelb und Sahne verquirlen und unter
flottem Rühren nach und nach 5 Eßlöffel heiße
Suppe zugeben, dann zur übrigen Flüssigkeit
geben. Die Suppe sofort in vorgewärmte Teller
füllen und mit Selleriegrün bestreuen. Geröstete,
gebutterte Toastbrot-Dreiecke dazu reichen.

Harzer Kraftsuppe

500 g gepökelte Hühnerbrust

4 EL Butter · 2 Zwiebeln · 500 g Champignons

2 El Tomatenmark · 1 1/4 l Fleischbrühe

4 EL Crème fraîche · 2 EL gehackte Petersilie

Das Fleisch in kleine Würfel schneiden und in 2
Eßlöffel Butter anrösten. Die Zwiebeln schälen,
fein schneiden und in der restlichen Butter glasig schwitzen. Die Champignons in feine Scheiben schneiden, zu der Zwiebel geben und 5
Minuten braten. Fleisch und Gemüse vermischen,
Tomatenmark zufügen, Brühe angießen und
zum Kochen bringen. 25 Minuten köcheln

Zum kräftigen Mohrrübentopf schmecken dunkles Brot und ein kühles Bier

Rote-Bete-Suppe mit Schlagsahne

lassen. Zuletzt Crème fraîche einrühren und Petersilie darüber streuen. In vorgewärmte Suppen-
teller füllen und mit Bauernbrot auftragen.

Variante: Anstelle von Champignons werden
auch gern frische Waldpilze (Maronen, Rotkappen, Steinpilze) verwendet.

Rote-Bete-Suppe

600 g rote Bete · ½ l Brühe · Salz

frisch gemahlener schwarzer Pfeffer

3 EL Weinessig · ⅛ l Schlagsahne · Kerbel

frisch geröstete Semmelwürfel

Die rote Bete schälen, in kleine Stücke schneiden und in der Brühe 30 Minuten garen. Danach pürieren und mit Salz und Pfeffer würzen. Essig und die Hälfte der Schlagsahne unterrühren. Die Suppe erhitzen und auf vorgewärmten Tellern verteilen. In jeden Teller etwas Schlagsahne geben und mit einem Holzstäbchen Kreise ziehen. Semmelwürfel darauf verteilen und sofort servieren.

Halberstädter Biersuppe

1 l Bier · 1 kräftige Prise Zimt

1 TL abgeriebene, unbehandelte Zitronenschale

Salz · 1 EL Zucker · 1 EL Stärkemehl

4 Eigelb · 8 Zwiebäcke

Das Bier mit Zimt, Zitronenschale, 1 Messerspitze Salz und dem Zucker zum Kochen bringen. Das Stärkemehl in wenig kaltem Wasser verrühren und zum Bier geben. Umrühren, aufkochen und etwas auskühlen lassen. Die Eigelb verquirlen, 2 Eßlöffel Suppe einrühren und anschließend die Biersuppe damit verfeinern. Abschmecken. Auf vorgewärmte Teller je 2 Zwiebäcke legen, die Suppe darübergießen und sofort auftragen.

Noch zur Jahrhundertwende war es in Halberstadt Brauch, daß sich Brautpaare vor dem Kirchgang an solch einer Suppe stärkten. Das Hochzeitsmahl dauerte 3 Tage und endete mit dem »Letzten Gericht« – einer Schüssel voll Sauerkohl.

Quedlinburger Birnensuppe

8 reife Birnen · 1 l Hühnerbrühe

125 g Kresse · 3 EL Zitronensaft · Salz

frisch gemahlener weißer Pfeffer

8 EL Schlagsahne

Die Birnen schälen und in Viertel schneiden. Das Kernhaus entfernen. In $1/2$ Liter Hühnerbrühe legen. In die restliche Brühe die Birnenschalen geben, zum Kochen bringen und 5 Minuten bei geringer Hitze köcheln lassen. Anschließend passieren. Zur passierten Brühe die gehackte Kresse geben, erhitzen, 10 Minuten köcheln lassen. Brühe mit den Birnenvierteln zugeben, erhitzen, noch weitere 5 Minuten köcheln lassen und alles durch ein Sieb streichen. Zitronensaft zufügen und mit Salz und Pfeffer abschmecken. Zuletzt die Sahne einrühren.

Hageltutensuppe mit Bällchen

1 kg Hagebutten

1 EL abgeriebene, unbehandelte Zitronenschale

1 Päckchen Vanillinzucker · 4 EL Zucker

2 EL Stärkemehl · 2 Eigelb

Für die Bällchen:

4 Eiweiß · 2 EL Zucker

Die Hagebutten putzen, entkernen und in $1^1/2$ Liter Wasser zum Kochen bringen. Zitronenschale und Vanillinzucker zugeben und bei geschlossenem Deckel 90 Minuten köcheln lassen. Durch ein feines Sieb geben. Zuckern. Das Stärkemehl in wenig kaltem Wasser anrühren und die Suppe damit binden. Etwas auskühlen lassen und die Eigelb unterrühren. Für die Bällchen die Eiweiß steifschlagen und zuckern. Wasser zum Kochen bringen. Von der Eischneemasse mit einem Teelöffel Klößchen abstechen und in siedendem Wasser 3 Minuten schwimmen lassen. Die Suppe auf Tellern verteilen und die Bällchen daraufsetzen.

Variante: Wenn es um Fruchtiges geht, sind bei den Harzern auch meist Birnen im Spiel. Wenn sie sich in der Suppe tummeln, sorgen sie garantiert für ein apartes Aroma. Man schneidet 750 g Birnen in Stücke, gibt 2 EL Zitronensaft, 100 g Zucker, 2 bittere geriebene Mandeln, 3 Nelken und $1^1/_2$ Liter Wasser dazu. Das alles bringt man zum Kochen und läßt es 10 Minuten köcheln. Danach gibt man die Masse durch ein Sieb. Mit 1 EL kalt angerührtem Stärkemehl bindet man die Suppe und verfeinert sie mit etwas Weißwein. Auch diese Suppe kann man mit Bällchen abrunden.

Würzig-Kräftiges aus Topf und Pfanne

Hauptgerichte

Kraut mit Klump

600 g Schweinebauch · Salz

frisch gemahlener schwarzer Pfeffer

1 EL gemahlener Kümmel · 750 g Weißkohl

2 Birnen (etwa 250 g)

1 l Fleischbrühe · 2 EL Weinessig

Zucker nach Belieben · 500 g rohe Kartoffeln

300 g gekochte Kartoffeln · 2 Brötchen

30 g Butter · 2 Eier · 1 EL Mehl · 1 EL Stärkemehl

Das Fleisch in grobe Würfel schneiden. Salz, Pfeffer und Kümmel zufügen. Soviel Wasser angießen, bis das Fleisch bedeckt ist und zum Kochen bringen. 35 Minuten bei kleiner Hitze garen. Inzwischen den Kohl putzen, waschen und zerkleinern, die Birnen schälen, in Viertel schneiden und vom Kernhaus befreien. Das Kraut zum halbgaren Fleisch geben und 40 Minuten schmoren. Brühe angießen, Birnen zugeben und noch 10 Minuten garen. Mit Essig und Zucker abschmecken.

Für den Klump die geschälten rohen Kartoffeln reiben, in ein Leinensäckchen füllen und trockenpressen. Die gekochten Kartoffeln durch die Presse drücken und zur rohen Kartoffelmasse geben. Die Brötchen in kleine Würfel schneiden und in der Butter goldbraun rösten. Aus der Kloßmasse, Brötchenwürfeln, Eiern, Mehl, Stärkemehl, Salz und Pfeffer einen Kloßteig bereiten. Davon mit einem Eßlöffel längliche Klöße abstechen, zum Kraut geben und 15 Minuten durchziehen lassen.

Variante: Anstelle von Brötchenwürfeln gibt

man zur Kartoffelmasse auch knusprige Speckwürfel oder Fleischwürfel von garem Kasseler oder Pökelbraten.

Pikanter Spargel mit Klump (Klößchen)

1 kg Spargel · 1 TL Salz

2 EL Zitronensaft · 1 EL Zucker · 1 EL Butter

Für die Klümpe:

400 g Gehacktes (halb Rind, halb Schwein)

1 Ei · 2 EL Semmelbrösel · 8 EL gehackte Kräuter:

Petersilie, Dill, Schnittlauch, Estragon

1 TL Senf · Salz

frisch gemahlener schwarzer Pfeffer · 1 l Fleischbrühe

Für die Sauce:

2 EL Butter · 2 EL Mehl · 1/2 l Spargelbrühe

1 TL Zucker · Salz · 2 EL Weinessig

2 Eigelb · 1/8 l Schlagsahne

Den Spargel schälen und in Salzwasser mit Zitronensaft, Zucker und Butter 30 Minuten garen. Herausnehmen und warm stellen. Die Spargelbrühe beiseite stellen.

Für die Klümpe das Fleisch mit Ei, Semmelbröseln, Kräutern, Senf, Salz, Pfeffer vermischen, kleine Klößchen formen und in der erhitzten Fleischbrühe 8 Minuten garziehen lassen.

Für die Sauce aus Butter und Mehl eine Schwitze bereiten. Etwas Spargelbrühe angießen und 5 Minuten kochen lassen, dabei kräftig rühren. Mit Zucker, Salz und Essig abschmecken. Vom Feuer nehmen. Das Eigelb mit der Sahne

Kraut mit Klump (Klößen)

verschlagen und in die Sauce rühren. Warm stellen.

Den Spargel auf einer Platte anrichten, die Klößchen darauf verteilen und die Sauce darübergießen. Dazu schmecken Petersilienkartoffeln.

Grünkohl mit Mettwurst

1,5 kg Grünkohl · Salz · 1 Zwiebel

100 g Schweineschmalz · 250 g Mettwurst

150 g durchwachsener Speck

frisch gemahlener schwarzer Pfeffer

4 saftige Birnen (500 g)

Grünkohl von den Rippen streifen, waschen und in $\frac{1}{2}$ Liter Salzwasser kurz aufkochen. Die Zwiebel schälen, fein schneiden und im Schmalz dünsten. Den Speck in Würfel, die Wurst in Scheiben schneiden und zusammen mit der gedünsteten Zwiebel und etwas Pfeffer zum Grünkohl geben. Alles 50 Minuten garen. Dann die geschälten, in Viertel geschnittenen und vom Kernhaus befreiten Birnen zufügen und alles noch weitere 10 Minuten garen. Mit Salz und Pfeffer abschmecken. Petersilienkartoffeln dazu reichen.

Für ein Grünkohlgericht sollten dunkle und knackige Blätter verwendet werden. Da der Krauskopf rasch welkt, muß er sofort zubereitet werden. So richtig »reif« und aromatisch ist er erst nach dem ersten Frost, denn da werden Gerbstoffe abgebaut, und ein Teil der Stärke verwandelt sich in Zucker. Und: Kohl muß »blank«

auf den Tisch kommen, also vom Fett glänzen, sonst mag ihn der Harzer nicht und man muß sich gefallen lassen, »Hans Magerkohl« genannt zu werden. Stundenlang gekocht, wie es einst unsere Vorfahren taten, wird er heute, wo mehr Biß gefragt ist, nicht mehr. Aber daß er eine heilende Wirkung hat, glaubt man noch immer: er vertreibt Kopf- und Bauchweh. Ja, sogar gegen Nachtblindheit ist er ein gutes Mittel (sagt man).

Sauerkohl

750 g Sauerkraut · 1 Zwiebel · 100 g Schweineschmalz

4 Wacholderbeeren · 2 Birnen · $\frac{1}{4}$ l Weißwein

Das Sauerkraut grob hacken. 100 Gramm beiseite stellen und abdecken. Die Zwiebel schälen und fein hacken. Das Schmalz erhitzen. Kraut, Zwiebel und zerdrückte Wacholderbeeren hineingeben und zugedeckt im eigenen Saft 10 Minuten dünsten. Wenn nötig, etwas Wasser angießen. Die Birnen schälen, in Viertel schneiden und das Kernhaus entfernen. Zusammen mit dem Wein zum Kraut geben und auf kleiner Flamme zugedeckt weitere 12 Minuten garen. Zuletzt das beiseite gestellte rohe Kraut zufügen.

Übrigens: Hierzu lobt sich der Stolberger seine knusprig gebratenen »Lerchen«. Das sind keine Singvögel, Gott bewahre, sondern pikant gewürzte Bratwürste (nach althergebrachter, geheimgehaltener Rezeptur – was denn sonst!), die so heißen, weil sie in der Pfanne zwitschern und tirilieren. Um sie genießen zu können, muß man freilich nach Stolberg reisen, denn nur hier verstehen sich die Metzger auf diese Spezialität. Bis dahin schmecken aber auch die knackigen und bekannten Halberstädter Würstchen, Pökelbraten, Kasseler oder Leber mit gedünsteten Birnenspalten dazu.

Wer ein Fäßchen Sauerkraut im Keller hat, ist gut dran: Denn das milchsaure Gemüse ist reich an Vitamin A, B$_1$, B$_2$ und B$_{12}$. Die Herstellung ist einfach. Man braucht einen hohen glasierten Steintopf mit Deckel, 8 bis 10 kg Weißkohl, 100 g Meersalz (aus dem Reformhaus), 2 EL Wacholderbeeren, 6 Lorbeerblätter, 3 EL gemahlenen Kümmel, 6 bis 8 EL Sauerkrautsaft.

Und so wird's gemacht:

Den Kohl waschen und hobeln. Einige große Kohlblätter beiseite legen. Den Topf etwa 6 cm hoch füllen, das Kraut kräftig stampfen. Etwas Salz, Gewürze und Sauerkrautsaft darüber geben und die nächste Lage Kraut einfüllen. Auf diese Weise den Topf zu 4/5 füllen. Soviel abgekochtes Wasser auffüllen, bis das Kraut mit Flüssigkeit bedeckt ist.

Mit den beiseite gelegten Kohlblättern abdecken und mit Steinen beschweren. Das Gefäß mit dem Deckel verschließen und 1 Woche an einen warmen Platz (25° C), danach 2 Wochen an einen kühleren Ort (15° C) stellen. Noch weitere 3 Wochen sollte das Kraut bei 5° C aufbewahrt werden. Nach 6 Wochen ist es fertig. Bei kühler Lagerung ist es 6 Monate haltbar.

Beim Genießen kann man über diese Spruchweisheit nachsinnen: »Das Leben ist wie Sauerkraut, wohl dem, der es gesund verdaut!«

Oberharzer Pritschewerk

1 kg kleine, festkochende Kartoffeln · Salz
100 g Butter · 1 kg Harzer Mettwurst (Schlackwurst)
oder Schmorwurst · 10 Eier

Die Kartoffeln waschen, bürsten und trockentupfen. Jeweils eine Kartoffel auf ein ausreichendes Stück Alufolie legen, mit Salz bestreuen und Butterflöckchen darauf geben. Die Alufolie locker um die Kartoffel schlagen und auf ein Backblech setzen. Im vorgeheizten Backofen bei 220° C 40 Minuten garen. Inzwischen die Wurstmasse zerkleinert in eine Pfanne geben, etwas Wasser angießen und zum Kochen bringen. Die Eier unterrühren, bis sie gestockt sind. Die Kartoffeln aus dem Backofen nehmen und zusammen mit Sellerie- oder Blattsalat dazu reichen. Dazu gehört ein kühles Bier, und auch ein Korn oder ein Kräuterlikör dürfen nicht fehlen!

Himmel und Erde

1 kg Kartoffeln · 1 kg Birnen · 2 EL Zitronensaft
1/2 TL abgeriebene, unbehandelte Zitronenschale
1 EL Zucker · 1/8 l Milch · 4 EL Schlagsahne
Salz · 1 Prise Muskat · 100 g durchwachsener Speck
3 Zwiebeln · 30 g Butter
4 Blutwurstscheiben à 100 g

Die Kartoffeln schälen und in Salzwasser weich dämpfen. Die Birnen ebenfalls schälen, in Stücke schneiden, das Kernhaus entfernen. In wenig

Wasser mit Zitronensaft, -schale und Zucker gar dünsten. Die Kartoffeln abgießen und stampfen. Milch und Sahne erhitzen, mit Salz, Muskat, Birnenstücken und etwas Birnensaft verquirlen und dazugeben. Speck und die geschälten Zwiebeln in kleine Würfel schneiden und in der erhitzten Butter goldgelb braten. Mit einem Löffel herausnehmen und über den angerichteten Brei geben. Im Bratfett die Wurstscheiben auf beiden Seiten knusprig braten und neben den Brei legen.

Variante: Sehr gern wird auch gebratene Mettwurst (Schlackwurst) oder gebratene Leber, garniert mit in Butter geschwenkten Birnenspalten, dazu gegessen.

Kartoffelsalat mit Schmorwurst

750 g Kartoffeln · 100 g durchwachsener Speck

2 Zwiebeln · 2 EL Öl · ¼ l Fleischbrühe · Salz

frisch gemahlener schwarzer Pfeffer

2 EL Weinessig · 2 kleine rotbackige Äpfel

150 g Jagdwurstwürfel · 2 hartgekochte Eier

2 kleine Gewürzgurken · 4 EL gehackte Kräuter

Schmorwurst (600 g) oder Halberstädter Würstchen

Die Kartoffeln in der Schale bißfest kochen und pellen. Die Zwiebeln schälen. Speck und Zwiebeln in kleine Würfel schneiden und im Öl ausbraten. Die Brühe angießen. Salz, Pfeffer und Essig zufügen und alles kurz aufkochen lassen. Die Kartoffeln in Scheiben schneiden und in eine Schüssel legen. Die Äpfel ungeschält in

kleine Würfel schneiden und zu den Kartoffeln geben. Die Specksauce darübergießen. Jetzt die Jagdwurst, kleingeschnittene Eier und Gurken und die Kräuter untermengen. Den Salat durchziehen lassen. Vor dem Anrichten die Schmorwurst erhitzen. Dabei darauf achten, daß das Wasser nicht kocht. Sonst platzt die Wurst.

Übrigens: Die Schmorwurst mit ihrem unverwechselbaren pikanten Kümmel- und Koriandergeschmack wird auch gern zu Grünkohl gegessen.

Pottkartoffeln mit glasierten Steckrüben

2 Zwiebeln · 100 g Butter · 2 Heringe · 1 l Milch

2 EL Mehl · 750 g gekochte Kartoffeln

250 g gekochter Schinken

Außerdem:

750 g Steckrüben · 100 g Butter · 100 g Zucker

Salz · frisch gemahlener weißer Pfeffer

4 EL Zitronensaft

Die Zwiebeln schälen und in kleine Würfel schneiden. Die Butter zerlassen und die Zwiebeln darin kurz dünsten. Die Heringe häuten, entgräten, fein wiegen und dazugeben. Die Hälfte der Milch angießen. In der restlichen Milch das Mehl verquirlen und ebenfalls angießen. Unter Rühren kurz aufkochen lassen. Eine Auflaufform ausbuttern. Die Kartoffeln in Scheiben schneiden und die Form damit auslegen. Darauf die Hälfte von dem kleingeschnittenen Schinken verteilen, darüber die Kartoffelscheiben und den restlichen Schinken geben. Mit Kartoffelscheiben abschließen und alles mit der Sauce begießen. Im vorgeheizten Backofen bei 180° C etwa 50 Minuten backen. Inzwischen die Steckrüben schälen und in Viertel teilen. Die Viertel in dünne Scheiben schneiden. Butter erhitzen, die Rübenscheiben hineinlegen und auf beiden Seiten kurz anbraten. Zucker zufügen und unterrühren. Alles etwa 15 Minuten dünsten. Dabei nach und nach eine halbe Tasse Wasser angießen. Darauf achten, daß das Wasser immer einkochen muß. Zuletzt mit Salz, Pfeffer und Zitronensaft abschmecken.

Die Pottkartoffeln aus dem Backofen nehmen und auf vorgewärmte Teller verteilen. Mit glasierten Rüben umlegen.

Harzer Sauerkrauttopf

---

3 Zwiebeln · 3 Knoblauchzehen · 50 g Gänseschmalz

1 kg Sauerkraut · 5 Nelken

10 Wacholderbeeren · 3 Lorbeerblätter · Salz

frisch gemahlener schwarzer Pfeffer

¹/₂ TL Zucker · 250 g durchwachsener Speck

2 Äpfel · 200 g Mettwurst · 8 Halberstädter Würstchen

Die Zwiebeln und Knoblauchzehen schälen und in Würfel schneiden. Das Fett erhitzen, die Zwiebelwürfel darin glasig dünsten und die Hälfte des Sauerkrauts, Knoblauchzehen, Nelken, Wacholderbeeren und Lorbeerblätter dazugeben. Mit Salz, Pfeffer und Zucker würzen. Den durch-

wachsenen Speck in Scheiben schneiden und darauflegen. Das restliche Sauerkraut auffüllen. Eine Tasse Wasser angießen. Die Äpfel schälen und in kleine Würfel schneiden, dabei das Kerngehäuse entfernen. Die Apfelwürfel zum Kraut geben und alles bei kleiner Hitze 80 Minuten schmoren. Hin und wieder umrühren. Die Mettwurst in Scheiben schneiden und zusammen mit den Halberstädter Würstchen auf das Sauerkraut legen. 15 Minuten mitschmoren lassen. Das Sauerkraut auf vorgewärmte Teller füllen, Speckscheiben und Würste obenauf legen. Dazu mit Fett bestrichenes Schwarzbrot reichen.

Brägewurst (Grützwurst)

---

400 g Schweineschwarte · 400 g Schweinefleisch

500 g Schweineleber · 500 g Graupen · Salz

frisch gemahlener schwarzer Pfeffer

1 EL Majoran

Die Schwarte in 2 Liter Wasser zum Kochen bringen und 15 Minuten garen. Dann das in Würfel geschnittene Schweinefleisch hineingeben und weitere 45 Minuten bei mittlerer Hitze kochen lassen. Jetzt die kleingeschnittene Leber zufügen und alles noch weitere 20 Minuten garen. Das Fleisch herausnehmen. In der Hälfte der Brühe die Graupen bei milder Hitze 45 Minuten ausquellen lassen. Inzwischen das Fleisch durch den Fleischwolf drehen und mit den Gewürzen vermengen. Die ausgequollenen Graupen untermischen. Diese Masse in eine Serviette

Rehgeschnetzeltes mit reichlich Waldpilzen

füllen und eine lange Wurst formen. Die Serviettenenden fest zusammenbinden. Die Wurst in der restlichen Brühe 20 Minuten ziehen lassen. Die Brägewurst von der Serviette befreien und in Scheiben schneiden. Sie wird mit Vorliebe zu Grünkohl gegessen. Aber sie schmeckt auch kalt zu kräftigem Landbrot oder zu Bratkartoffeln.

Rehgeschnetzeltes

500 g Rehfleisch aus der Keule · 150 g Butter

150 g Waldpilze (Maronen, Steinpilze,

Rotkappen, Pfifferlinge)

6 EL Schlagsahne · 2 Mohrrüben · Salz

frisch gemahlener schwarzer Pfeffer

¼ l Rotwein · 4 EL Crème fraîche

Das Fleisch in dünne Scheiben, dann in feine Streifen schneiden. Portionsweise in 100 g Butter anbraten. Herausnehmen und im Backofen bei 60° C warmhalten. Die Pilze putzen, kleinschneiden und in der Sahne pürieren. Die Mohrrüben putzen, raspeln und in der restlichen Butter andünsten. Pilze, Salz und Pfeffer zufügen und 5 Minuten garen. Zum Fleisch geben und warmhalten. Den Wildfond mit Rotwein mischen und auf ein Drittel einkochen. Crème fraîche unterrühren. Mit Salz und Pfeffer abschmecken und mit dem Fleisch zu Tisch bringen.

Wildschützengulasch

1 kg Hirschgulasch · ½ l Buttermilch

250 g Zwiebeln · 125 g Harzer Mettwurst (Schlackwurst)

Salz · 1 TL Kümmel

frisch gemahlener schwarzer Pfeffer

4 EL Sonnenblumenöl · 1 TL Thymian · 1 TL Majoran

½ l Brühe · ¼ l Bier · 1 EL Honig · 2 EL Weinessig

4 EL Crème fraîche · Schnittlauchröllchen

Das Fleisch 2 Stunden in Buttermilch einlegen. Die Zwiebeln schälen und kleinschneiden. Die Wurst in Würfel schneiden. Das Fleisch trockentupfen, salzen, pfeffern und im erhitzten Öl anbraten. Wurstwürfel, Zwiebeln und Gewürze zugeben, Brühe und Bier angießen und etwa 2 Stunden gut zugedeckt bei leichter Hitze schmoren lassen. Mit Honig und Essig abschmecken. Crème fraîche einrühren. Mit Schnittlauchröllchen garniert servieren.

Wildschweinkeule

1 l Weißwein · ⅛ l Weinessig

2 Zwiebeln · 2 Möhren · 50 g Sellerie

8 Pfefferkörner · 2 Lorbeerblätter

4 Wacholderbeeren · Salz

1 Wildschweinkeule (etwa 2 kg) · 100 g Butter

2 EL Mehl · ¼ l Schlagsahne

Wein und Essig vermischen. Die Zwiebeln schälen und grob zerkleinern. Zum Wein geben. Möhren und Sellerie putzen, waschen und mit

den Pfefferkörnern, Lorbeerblättern, Wacholderbeeren, Salz ebenfalls zufügen. Das Fleisch
mit dieser Marinade übergießen und zugedeckt
2 Tage darin ziehen lassen. Dabei öfter wenden.
Herausnehmen, trockentupfen und kräftig mit
Salz einreiben. In einen Bräter legen und mit
zerlassener Butter begießen. Im vorgeheizten
Backofen bei 225° C etwa 70 Minuten braten,
etwas von der Beize angießen und den Braten
häufig beschöpfen. Die Keule herausnehmen
und warm stellen. Das Mehl in der Sahne verquirlen und den Bratensaft damit binden.

Hasenrücken

Für die Marinade:

1 Flasche Riesling · 1 Zweig Thymian · 3 Lorbeerblätter

1 geputzte, halbierte Möhre · 2 EL gehackte Zwiebeln

10 Wacholderbeeren · Salz

frisch gemahlener schwarzer Pfeffer

Für den Braten:

2 Hasenrücken · Salz · Pfeffer · 2 EL Butter

4 Scheiben Räucherspeck · ⅛ l saure Sahne

Zum Wein die Gewürze und das Gemüse geben
und gut vermengen. Den Hasenrücken mit der
Fleischseite nach unten in diese Marinade legen
und 24 Stunden zugedeckt durchziehen lassen.
Herausnehmen und trockentupfen. Ringsherum
kräftig mit Salz und Pfeffer einreiben. In einer
Kasserolle die Butter erhitzen, 2 Scheiben Speck
hineingeben und das Fleisch darauflegen. Mit
den restlichen Speckscheiben das Fleisch

bedecken. Im vorgeheizten Backofen bei 200° C
1 Stunde braten. Zwischendurch das Fleisch beschöpfen, etwas Marinade angießen. Das Fleisch
herausnehmen und warm stellen. Den Bratensaft mit etwas Marinade loskochen. Die Sahne
einrühren. Mit Salz und Pfeffer abschmecken.

Wildbret im Teig

Für die Füllung:

3 EL Öl · 500 g Hirschgulasch · 1 Zwiebel

125 g Pfifferlinge oder andere Waldpilze

Salz · frisch gemahlener schwarzer Pfeffer

⅛ l Fleischbrühe · 2 hartgekochte Eier

4 EL Doppelrahmfrischkäse

je 1 Bund Dill, Schnittlauch und Petersilie

Für den Teig:

500 g Mehl · 30 g Hefe · ¼ l lauwarme Milch

125 g weiche Butter · Salz · 2 EL Majoran

1 Ei · Milch und Eiweiß zum Bestreichen

Das Öl erhitzen und die Fleischwürfel darin
ringsum anbraten. Die Zwiebel schälen, fein
hacken und zufügen. Pfifferlinge putzen, kleinschneiden und ebenfalls zum Fleisch geben. Mit
Salz und Pfeffer würzen. Alles 8 bis 10 Minuten
braten, dann nach und nach die Brühe angießen
und noch 30 Minuten schmoren lassen. Die
Flüssigkeit soll verdampft sein. Das Fleisch auskühlen lassen. Die Eier halbieren. Das Eiweiß
fein hacken, die Eigelb durch ein Sieb streichen.
Den Käse zufügen. Die Kräuter waschen, trockentupfen, fein hacken und zum Ei-Käse-Gemisch

geben. Mit dem erkalteten Wildfleisch vermengen.

Für den Teig das Mehl in eine Schüssel sieben und in die Mitte eine Vertiefung drücken. Die Hefe in etwas lauwarmer Milch verquirlen und in die Vertiefung gießen. Etwas Mehl darüberstäuben.

Butter, Salz, Majoran und das Ei auf den Mehlrand geben. Zugedeckt an einem warmen Ort 20 Minuten gehen lassen. Von der Mitte aus die Teigzutaten vermengen, die restliche Milch angießen und alles zu einem glatten Hefeteig verkneten. Zugedeckt 1 Stunde gehen lassen. Den Teig zusammenstoßen, ausrollen und in die Mitte die Fleischfüllung geben. Den Teig ringsum anheben und zu einem runden Brot formen. Die Teigreste ausrollen, kleine Weinlaubblätter ausschneiden, mit Eiweiß bestreichen und das Brot damit verzieren. Dann das Brot auf ein gefettetes Backblech setzen, mit Milch bepinseln und im vorgeheizten Backofen bei 200° C 30 Minuten goldbraun backen. Nochmals mit Milch bepinseln und noch 5 Minuten backen.

Birnenbeilage zu Wildgerichten

3 kg Birnen · 150 g Zucker

20 g Ingwer · 1/2 l Rotwein

Die Birnen schälen, in Viertel schneiden, das Kernhaus entfernen. Die Birnenstücke mit dem Ingwer auf ein Backblech legen und mit Zucker bestreuen. Den Rotwein angießen und alles 60 Minuten bei 200° C im Backofen garen. Anschließend leicht verrühren und heiß in vorbereitete Gläser füllen. Mit Einmachfolie verschließen.

Martinsgans

1 Gans (2 bis 3 kg) · Salz

frisch gemahlener schwarzer Pfeffer

500 g Gehacktes vom Schwein

1 Brötchen · 2 EL gehackte Zwiebel · 2 Eier

2 EL gehackte Petersilie · 2 EL gerebbelter Beifuß

1 Gläschen Weinbrand · 1/8 l Sahne

Die ausgenommene, gewaschene und getrocknete Gans innen und außen mit Salz und Pfeffer einreiben. Das Gehackte mit dem eingeweichten, ausgedrückten Brötchen, der Zwiebel, den Eiern und der Petersilie vermischen. Mit Salz, Pfeffer und Beifuß würzen. Mit dieser Masse die Gans füllen und die Öffnung mit Holzstäbchen oder Küchengarn verschließen. Die Gans in eine große Pfanne legen und mit 1/4 Liter heißem Wasser übergießen. Im vorgeheizten Backofen bei 200° C 2 1/2 bis 3 Stunden unter mehrmaligem Wenden braten. Mehrmals mit dem Bratensatz begießen. Wenn nötig, etwas Wasser zugießen. Zwischendurch Fett aus der Pfanne abschöpfen. Etwa 20 Minuten vor Ende der Bratzeit die Gans mit Salzwasser und dem Weinbrand bepinseln. Wieder in die Bratröhre schieben, damit die Haut knusprig wird und eine appetitliche Farbe erhält. Die Gans herausnehmen, tranchieren und warm stellen. Die Sauce durch ein Sieb gießen, entfetten, nochmals erhitzen und mit Sahne verfeinern.

Für die Füllung wird auch gern eine Mischung aus Semmeln, Eßkastanien, gerösteten Nüssen, Rotwein, Apfelspalten und Backpflaumen verwendet.

Zum Martinstag, Überbleibsel der historischen Erntefeiern, später Pacht-, Zins- und Gesindetag, schätzt man noch heute eine Gans, zu der auch der Partner im Glas, der allzeit beliebte Nordhäuser Doppelkorn, nicht fehlen darf. Am Weihnachtstag hingegen gönnt man sich anstelle einer Weihnachtsgans eine deftige Wurst. In Goslar bevorzugt man die Schmorwurst. Denn nach den üppigen Schlachtfesttagen war ja wieder gefastet worden. Aber auch ein Karpfen- oder Forellengericht ist willkommen.

tete Ente mit Salz und Pfeffer innen und außen einreiben. Thymian und Majoran in den Entenbauch geben. Die Möhren putzen und kleinschneiden. Sellerie und Zwiebeln schälen und ebenfalls zerkleinern. Das Gemüse mit der Petersilie in einen Bräter geben. Die Ente mit der Brust nach oben darauflegen. 100 g Butter schmelzen und über die Ente gießen. Zugedeckt im Backofen bei 200° C 45 Minuten braten. Dabei hin und wieder mit dem Bratensaft begießen. Bei geöffnetem Deckel noch weitere 40 Minuten braten. Die gare Ente herausnehmen und warm stellen. Das Gemüse mit einem Holzlöffel auspressen und entfernen. Den Bratensaft mit der Einweichflüssigkeit der Pflaumen loskochen und etwas einkochen lassen. Die entsteinten Pflaumen zugeben und erhitzen. Essig und Weinbrand unterrühren und mit Salz und Pfeffer abschmecken. Zuletzt die restliche, eisgekühlte Butter einrühren.

Ente mit getrockneten Pflaumen

200 g getrocknete Pflaumen · ⅛ l Rotwein

1 Ente von etwa 2 kg · Salz

frisch gemahlener schwarzer Pfeffer

je 1 TL Thymian und Majoran · 2 Möhren

100 g Sellerie · 2 Zwiebeln · 2 EL gehackte Petersilie

125 g Butter · 1 EL Weinessig · 2 EL Weinbrand

Die getrockneten Pflaumen mit Rotwein und ⅛ Liter Wasser übergießen. Zugedeckt über Nacht quellen lassen. Am nächsten Tag die vorberei-

Lammbraten

1,5 kg Lammfleisch (Kotelettstück)

frischgemahlener schwarzer Pfeffer

Salz · 1 EL Senf · 1 EL Rosmarin · 4 Knoblauchzehen

50 g Butterschmalz · ¼ l Rotwein · 750 g Kartoffeln

Das vorbereitete Fleisch mit Pfeffer, Salz, Senf und Rosmarin einreiben. Die Knoblauchzehen schälen und in Streifen schneiden. Mit einem spitzen Messer Schnitte in das Fleisch ritzen und die Knoblauchstreifen hineingeben. In einem

Pilzragout mit Buchweizeneierkuchen (Rezept S. 56)

Bräter das Schmalz erhitzen, das Fleisch hineinlegen und im vorgeheizten Backofen bei 225° C
35 Minuten garen. Dabei ab und zu mit dem
Rotwein begießen. Herausnehmen und warm
stellen. Die Kartoffeln waschen, längs halbieren
und ungeschält mit der Schnittfläche nach unten
auf ein gebuttertes Backblech legen. 15 Minuten
bei 200° C garen. Die Kartoffeln wenden und
noch 5 Minuten bei 225° C bräunen. Den Braten
in Scheiben schneiden und mit den Kartoffeln
auftragen. Dazu passen gut gewürzte Kürbiswürfel, ein kühles Bier und ein Klarer.

Gebackene Rippchen

| 1,5 kg Rippchen vom Schwein |
| 2 EL Senf · 2 EL Essig |
| ¼ l Tomatenketchup |
| frisch gemahlener schwarzer Pfeffer |
| Salz · 3 Knoblauchzehen |
| 1 Handvoll frische Thymianblättchen |

Die Rippchen unter fließendem Wasser abspülen
und trockentupfen. Das Fleisch zwischen den
Knochen etwas einschneiden. Aus Senf, Essig,
Tomatenketchup, Pfeffer und Salz eine Marinade
bereiten. Knoblauch pellen, sehr fein hacken
und zusammen mit den Thymianblättchen zur
Marinade geben. Die Rippchen mit der Marinade bestreichen, abdecken und über Nacht
kalt stellen. Rippchen aus der Marinade nehmen
und im vorgeheizten Backofen bei 180° C etwa
90 Minuten braten.

Dabei mehrmals wenden und mit der restlichen
Marinade bestreichen.

Mit Sauerkohl und Schwarzbrot auftragen.

Schierker Backleber

| 500 g Kalbs-, Rind- oder Schweineleber |
| 2 EL Mehl · ¼ l Milch · 4 EL Schlagsahne |
| 4 Eier · ½ TL Salz · 100 g Mehl |
| 2 EL gehackte Kräuter (Petersilie, Schnittlauch, Dill) · Öl zum Ausbacken |
| Außerdem: |
| 4 Zwiebeln · 1 EL Mehl · 2 EL Butter · Salz |

Die gehäutete Leber waschen, trockentupfen, in
Scheiben schneiden und in Mehl wälzen. Die
Milch mit Sahne, Eiern und Salz verrühren.
Nach und nach das Mehl einquirlen, zuletzt die
Kräuter zufügen. Die Leberscheiben durch den
Teig ziehen und in erhitztem Öl auf beiden Sei-
ten etwa 8 Minuten braten. Inzwischen die Zwie-
beln schälen, in Scheiben schneiden und in
Mehl wälzen. Butter erhitzen und die Zwiebeln
darin knusprig braten. Salzen. Auf der Back-
leber anrichten.

Harzer Bachforelle

| 4 Forellen (je 250 g) · Salz · 3 EL gehackter Dill |
| ⅛ l Weißwein · 30 g Butter · 30 g Mehl |
| 2 EL Zitronensaft · 2 EL Sahne |
| 1 kräftige Prise Zucker · 1 EL Krebsbutter |

Die vorbereiteten Forellen an Kopf und Schwanz zusammenbinden. $3/4$ Liter Wasser mit Salz, Dill und Weißwein zum Kochen bringen und die Forellen darin 15 Minuten garziehen lassen. Dann herausnehmen und warm stellen. Die Butter zerlassen, das Mehl einrühren, $1/4$ Liter von dem Fischsud angießen, verrühren und aufkochen lassen. Mit Zitronensaft, Sahne, Zucker, Salz und der Krebsbutter abschmecken. Den restlichen Dill darüberstreuen. Mit Salzkartoffeln zu Tisch bringen.

Pökelbraten mit Steckrübenpüree

Für den Pökelbraten:

1 kg Schweinepökelkamm · 3 Zwiebeln

2 Knoblauchzehen · 1 EL Zucker · 1 Lorbeerblatt

6 Gewürzkörner

Für das Püree:

600 g Steckrüben · 1 Zwiebel · 1 Prise Zucker

Salz · 300 g Kartoffeln · $1/8$ l Schlagsahne

frisch gemahlener schwarzer Pfeffer

$1/2$ Bund Liebstöckel · 100 g Butter

Den Pökelkamm in $1^1/2$ Liter Wasser zum Kochen bringen. Die Zwiebeln und die Knoblauchzehen schälen, kleinschneiden und zum Fleisch geben. Zucker, Lorbeerblatt und Gewürzkörner ebenfalls zufügen und alles 1 Stunde garen, anschließend warm stellen. Die Steckrüben und die Zwiebel schälen, in Stücke schneiden und mit einer Prise Zucker in Salzwasser 1 Stunde

kochen. Die Kartoffeln schälen, in Stücke schneiden und zu den Steckrüben geben. Alles weitere 15 Minuten kochen. Dann das Wasser abgießen und das Gemüse stampfen oder durch die Kartoffelpresse geben. Sahne und Pfeffer unterrühren. Den kleingeschnittenen Liebstöckel über dem Püree verteilen. Das gare Fleisch in fingerdicke Scheiben schneiden und mit dem Püree servieren.

Variante: Zum Pökelbraten wird auch gern Speckklump gegessen. Dafür braucht man

700 g rohe Kartoffeln · 200 g gekochte Kartoffeln

1 EL Mehl · 1 EL Stärkemehl

150 g durchwachsener Speck · Salz · Pfeffer

2 Brötchen · 2 Eier · $1/8$ l Schlagsahne

Butter für die Backform

Die rohen Kartoffeln reiben, in ein Leinensäckchen füllen und trockenpressen. Die gekochten Kartoffeln durch die Presse drücken und zur rohen Kartoffelmasse geben. Mehl, den in kleine Würfel geschnittenen Speck, Salz und Pfeffer zufügen und einen Kloßteig bereiten. Eine Backform ausbuttern, den Kloßteig hineingeben. Die Brötchen in Scheiben schneiden und auf dem Kloßteig verteilen. Eier und Sahne mit etwas Salz verquirlen und über die Brötchenscheiben gießen. Den Speckklump im vorgeheizten Backofen bei 200° C etwa 60 Minuten backen. Brötchengroße Stücke schneiden und heiß zu Tisch bringen.

Pilzragout
mit Buchweizen-Eierkuchen

1 Zwiebel · 2 EL Butter oder Margarine

100 g gekochter Schinken

500 g gemischte Pilze (Steinpilze, Maronen,

Pfifferlinge, Champignons)

1/8 l Fleischbrühe

125 g Preiselbeeren (frisch oder aus dem Glas)

Salz · frisch gemahlenen Pfeffer

Zwiebel schälen und in Würfel schneiden, in erhitzter Butter oder Margarine glasig dünsten. Schinken ebenfalls in Würfel schneiden, Pilze putzen und kleinschneiden. Beides zu den Zwiebeln geben und ca. 10 Minuten dünsten. Die heiße Fleischbrühe angießen. Preiselbeeren (die frischen waschen und trockentupfen)

untermischen, mit Salz und Pfeffer würzen. Alles ca. 5 Minuten ziehen lassen.

Gut schmecken dazu kräftige Eierkuchen.

Für die Eierkuchen:

4 Eier · Salz · 1/2 l Milch

200 g Mehl · 50 g Buchweizenmehl

Öl zum Ausbacken

80 g Crème fraîche · 1 EL Schnittlauchröllchen

Die Eier mit Milch und Salz verquirlen. Das Mehl mit dem Buchweizenmehl vermischen, sieben und nach und nach einrühren. 15 Minuten quellen lassen. Das Öl erhitzen und dünne Eierkuchen von beiden Seiten darin ausbacken. Die Eierkuchen mit Pilzragout, einem Klecks Crème fraîche und Schnittlauchröllchen bestreut auf vorgewärmten Tellern anrichten.

Arme und reiche Ritter

Süßspeisen und Getränke

Pflaumenklümpe

4 Semmeln vom Vortag · 500 g Pflaumen

1 El Mehl · 2 Eier · 4 EL Zucker · Salz

100 g Butter · 4 EL Semmelbrösel

Die Semmeln in Wasser einweichen. Die Pflaumen waschen, entsteinen und kleinschneiden. Die Semmeln ausdrücken und mit Mehl und Pflaumen vermengen. Eier, Zucker und eine Prise Salz untermischen. Salzwasser zum Kochen bringen. Mit einem Löffel kleine Klümpe abstechen und im siedenden Salzwasser 15 Minuten garen. Die Butter zerlassen, Semmelbrösel hineingeben und knusprig braten. Die Klümpe herausnehmen und die Bröselmischung darauf verteilen.

Arme Ritter

8 Brötchen vom Vortag · 4 Eier

¹/₈ l Milch · ¹/₈ l Schlagsahne

¹/₂ TL abgeriebene, unbehandelte Zitronenschale

Mark von einer halben Vanillestange · 1 Prise Salz

100 g Semmelbrösel · Öl zum Ausbacken

Zimtzucker zum Bestreuen

Die Brötchen in 1 cm dicke Scheiben schneiden. Eier, Milch, Sahne, Zitronenschale, Vanillemark und Salz miteinander verquirlen. Die Brötchenscheiben durchziehen und in den Semmelbröseln wälzen. Das Öl erhitzen, die panierten Brötchenscheiben darin auf beiden Seiten knusprig braten. Herausnehmen, Zimtzucker darüber streuen und sofort auftragen.

Variante: Von »reichen« Rittern spricht der Harzer, wenn er Brötchenscheiben durch Eierkuchenteig zieht. Dafür werden 150 g Mehl, 1 Messerspitze Backpulver, 1 Prise Salz, ¹/₄ l Milch und 6 Eier zu einem glatten Teig verquirlt. Wenn die verschmaust werden, kann man schon mal zu hören bekommen: »En gues Morjenbrot (Frühstück) is besser wie'n ganzen Dach gar nischt!«

Eierkuchenberg mit Pflaumenmus

4 Eier · ¹/₂ l Milch

1 kräftige Prise Salz · 4 EL Zucker

375 g Mehl · Öl zum Braten

Außerdem:

Pflaumenmus und Puderzucker

Die Eier trennen. Eigelb mit Milch, Salz und Zucker verquirlen. Das Mehl sieben und nach und nach einrühren. Die Eiweiß zu Schnee schlagen und vorsichtig unterziehen. Alles 30 Minuten quellen lassen. In einer Pfanne das Öl erhitzen und dünne Eierkuchen ausbacken. Die Eierkuchen jeweils mit Pflaumenmus bestreichen und übereinander schichten. Dabei warm stellen.

Zuletzt reichlich Puderzucker darüberstäuben und sofort servieren. Nach Belieben Schlagsahne dazu reichen.

Harzer Birnenpfanne

4 Eier · ¹/₈ l Milch · 4 EL Schlagsahne · 175 g Mehl

1 kräftige Prise Salz · 150 g Butter · 2 EL Zucker

4 große reife Birnen (etwa 500 g)

2 EL Zitronensaft · Puderzucker

Die Eier, Milch und Sahne verquirlen. Nach und nach das Mehl einrühren und das Salz zugeben. So lange rühren, bis der Teig glatt ist. 120 g weiche Butter und den Zucker zufügen und glattrühren. Den Teig eine Stunde quellen lassen. Die Birnen schälen, in Viertel teilen, das Kernhaus entfernen. Die Birnenviertel in dünne Scheiben schneiden und mit Zitronensaft beträufeln, damit sie sich nicht verfärben.

Eine Pfanne mit der restlichen Butter einfetten und den Teig daraufgeben. Die Birnenscheiben obenauf spiralenförmig anordnen. In den vorgeheizten Backofen schieben und bei 200° C etwa 15 Minuten backen. Mit Puderzucker bestreut auftragen. Nach Belieben Schlagsahne dazu reichen.

Beerenschnee

¹/₄ l Milch · ¹/₄ l Schlagsahne

1 kräftige Prise Salz · 3 EL Zucker

50 g Grieß · 2 Eiweiß · 250 g Heidelbeeren

Die Milch mit der Sahne zum Kochen bringen. Salz, Zucker und den Grieß einrühren und 8 Minuten bei geringer Hitze köcheln lassen.

Dabei ständig rühren. Anschließend erkalten lassen. Damit sich keine Haut bildet, hin und wieder umrühren. Eiweiß zu Schnee schlagen und vorsichtig unterheben. Die Beeren verlesen, waschen und gut abtropfen lassen. Auf Tellern verteilen und die Schneemasse darübergeben. Zwieback oder Biskuits dazu reichen.

Himbeerkaltschale mit Klümpen

500 g frischgepflückte Himbeeren · 4 EL Zucker

¹/₂ TL abgeriebene unbehandelte Zitronenschale

¹/₄ l Weißwein (Rießling) · 1 TL Stärkemehl

Für die Klößchen:

¹/₈ l Milch · 1 EL Butter · Salz · 4 EL Mehl · 1 Ei

Die vorbereiteten Himbeeren mit dem Zucker und der Zitronenschale in ¹/₄ Liter kochendes Wasser geben und 5 Minuten kochen lassen. Durch ein Sieb streichen. Den Weißwein zum Fruchtwasser geben und aufkochen lassen. Das Stärkemehl in wenig kaltem Wasser anrühren und die Kaltschale damit binden. Für die Klößchen Milch, Butter und Salz zum Kochen bringen. Das Mehl auf einmal hineingeben und so lange bei kleiner Hitze rühren, bis sich der Teig vom Topfboden löst. Vom Herd nehmen, etwas auskühlen lassen, das Ei untermengen. Kleine Klöße formen. Salzwasser zum Kochen bringen, die Klümpe darin 5 Minuten garen. Auskühlen lassen. Die Himbeerkaltschale auf Suppentellern verteilen und die Klümpe hineingeben.

Grießbrei mit Backobst

Für den Grießbrei:

2 EL Rosinen · ¹/₂ l Milch · 100 g Grieß

1 kräftige Prise Salz · 50 g Butter · 2 EL Zucker · 2 Eier

Für das Kompott:

250 g Backobst (Pflaumen, Birnen, Äpfel, Aprikosen)

¹/₂ l Apfelsaft · 1 Stückchen Vanilleschale

Zucker nach Geschmack · 2 EL Cognac

Die Rosinen in wenig kaltem Wasser einweichen. Die Milch zum Kochen bringen, den Grieß
unter Rühren einfließen lassen. Salz zufügen
und alles 8 Minuten leise kochen lassen, dabei
häufig umrühren. Vom Feuer nehmen. Die
Butter mit Zucker und Eigelb vermischen und
zusammen mit den Rosinen in den Grießbrei
einrühren. Das Eiweiß schlagen und den Schnee
unter den Brei heben. Kompottschälchen mit
kaltem Wasser ausspülen, den Brei einfüllen
und erkalten lassen. Das Backobst 2 Stunden in
lauwarmem Wasser einweichen. Dann den Apfelsaft mit der Vanilleschale zum Kochen bringen.
Das abgetropfte Obst zugeben und 20 Minuten
köcheln lassen. Nach Belieben zuckern. Zuletzt
den Cognac unterrühren. Die Vanilleschale herausnehmen. Den Grießbrei stürzen und das
Kompott darüber verteilen.

Übrigens: Grießbrei wird auch gern mit
Zucker, Zimt und reichlich gebräunter Butter
gegessen (nicht nur von Kindern!). Danach lobt
man sich eine Scheibe kräftiges Bauernbrot mit
Mettwurst (Schlackwurst).

Blankenburger Honigkuchenpudding

250 g Honigkuchen · 2 EL Rum

150 g weiche Butter · 4 EL Zucker · 6 Eier

50 g Kakao · 50 g gemahlene Haselnüsse

1 kräftige Prise Salz · Butter für die Puddingform

2 EL Semmelbrösel

Den Honigkuchen zerkrümeln, den Rum darübergießen. Butter und Zucker schaumig schlagen, Eigelb und Kakao unterrühren. Dann die
Haselnüsse und die getränkten Honigkuchen-
krümel untermischen. Das Eiweiß mit dem Salz
zu Schnee schlagen und vorsichtig unter die
Masse heben. Eine Puddingform ausbuttern und
mit Semmelbröseln ausstreuen. Die Masse einfüllen. Den Backofen auf 200° C vorheizen und
den Pudding im Wasserbad 45 Minuten backen.
Auskühlen lassen und stürzen. Nach Belieben
Schlagsahne dazu reichen.

Obstgrütze mit Sauerkirschen

500 g Sauerkirschen · 200 g Zucker

1 kräftige Prise Zimt · 1 geriebene bittere Mandel

50 g Grieß · ¹/₄ l Schlagsahne

Die Kirschen waschen und entsteinen. ¹/₂ Liter
Wasser mit den Gewürzen zum Kochen bringen
und die vorbereiteten Kirschen hineingeben.
5 Minuten köcheln lassen. Bei kleiner Hitze den

Grießbrei mit Backobst

Grieß in dünnem Strahl einrühren und unter Rühren 10 Minuten ausquellen lassen. In kalt ausgespülte Kompottschälchen füllen, erstarren lassen und stürzen. Die Sahne steif schlagen und dazu reichen.

Variante: Je nach Saisonangebot bereitet man Obstgrütze aus Rhabarber, Stachelbeeren, Heidelbeeren, Johannisbeeren, Himbeeren, Brombeeren. Zur Nachspeise entwickelte sie sich allerdings erst allmählich in diesem Jahrhundert. Vordem war sie ein beliebtes Hauptgericht, vor allem in der Sommerszeit. Im Winter ersetzte Backobst die Sommerfrüchte.

Grießpudding, verfeinert mit Eiern und Sahne, kommt übrigens als Decke, als »Sulf«, auf Obstkuchen.

Fruchtkörbe

4 Milchbrötchen · 200 g rote Johannisbeeren

100 g schwarze Johannisbeeren · 3 EL Honig

2 EL Weinbrand · 2 Eiweiß

1 EL Zucker · 1 kräftige Prise Salz

Schokoladenstreusel zum Bestreuen

Butter für die Form

Die Brötchen quer halbieren und aushöhlen. Eine Auflaufform ausbuttern, die ausgehöhlten Brötchen hineinsetzen. Die Johannisbeeren waschen und von den Rispen streifen. Den Honig mit dem Weinbrand erhitzen, die Beeren darin schwenken und in die Brötchenhöhlung füllen. Eiweiß mit dem Salz zu steifem Schnee schlagen

und zuckern. Über den Milchbrötchen verteilen. Im vorgeheizten Backofen bei 150° C 10 Minuten überbacken. Schokostreusel aufstreuen.

Kürbiswürfel

1,5 kg Kürbis (ohne Schale)

1 l Weinessig · 600 g Zucker

6 Nelken · 1 Stange Zimt

Den Kürbis in kleine Würfel schneiden. Den Essig mit Zucker, Nelken und der Zimtstange zum Kochen bringen und 10 Minuten köcheln lassen. Die Kürbiswürfel hineingeben und in der Lösung glasig werden lassen. Herausnehmen und in vorbereitete Gläser schichten. Den heißen Sud darüberfüllen. Die Gläser mit einem Tuch abdecken und 24 Stunden stehen lassen. Dann den Sud noch einmal aufkochen und abkühlen lassen. Den erkalteten Sud über die Kürbiswürfel gießen. Die Gläser mit Einmachfolie verschließen und kühl und dunkel aufbewahren.

Halberstädter »Syrup«

400 g Löwenzahnblüten · 4 unbehandelte Zitronen

2 kg Zucker

Die Löwenzahnblüten waschen, abtropfen lassen und mit entkernten Zitronenscheiben in 1 Liter Wasser kochen. 24 Stunden stehenlassen. Danach durch ein Sieb drücken und mit dem Zukker eine Stunde kochen. Dabei öfter umrühren, in Gläser füllen und gut verschließen.

Übrigens: Dieser »Syrup« wird nicht nur leidenschaftlich gern aufs Frühstücksbrot gestrichen. Lange Zeit galt er als preiswerte Substanz eines leichten, süffigen Weines. Vermischt mit Wasser, Hopfen, Koriander, Salbei, Muskat, Nelken und Zimt wurde die Flüssigkeit wie Most vergärt. Dem Lieblingsgetränk, dem Bier, konnte dieses Getränk allerdings nie Konkurrenz machen.

Pflaumenmus

3 kg entsteinte Pflaumen · 1 TL Zimt

¹/₂ TL gemahlene Nelken · Zucker nach Geschmack

Die Pflaumen durch den Fleischwolf geben oder mit dem Mixer zerkleinern. Gewürze zufügen und die Masse etwa 4 Stunden im spaltbreit geöffneten Backofen bei 175° C (am besten in der Fettfangschale) einkochen. Dabei hin und wieder umrühren. Das Mus ist fertig, wenn man es mit dem Kochlöffel teilen kann, ohne daß es sofort wieder zusammenfließt. Das Mus in Steintöpfe füllen und noch einige Minuten in den heißen Backofen stellen, damit sich an der Oberfläche eine Kruste bilden kann. Danach erkalten lassen und mit angefeuchteter Einkochfolie oder Butterbrotpapier überdecken und fest zubinden.

Manche Harzer Köchin gibt zu den Pflaumen noch 5 Walnußkerne oder 4 Hände voll entstielte Holunderbeerdolden oder 1 bis 2 Zimtstangen.

Bockbierbowle

Saft von 4 Zitronen · 100 g Zucker

¹/₂ l klaren Schnaps (Korn)

10 Flaschen gut gekühltes Bockbier

Den Zitronensaft mit dem Zucker verrühren und den Schnaps darübergießen. 24 Stunden kühl stellen. Mit Bockbier auffüllen und sofort servieren. Dazu schmecken Brägewurst, Knäzchen oder Halberstädter Würstchen – und jede Menge Gewürzgürkchen.

Birnenlikör

2 kg Birnen · 2 bittere Mandeln · 2 Nelken

5 g Zimtrinde · 1¹/₂ l Wodka · 500 g Zucker

Die Birnen schälen, in Viertel schneiden, das Kernhaus entfernen. Die Mandeln brühen, von der Haut befreien und fein hacken. Die Birnenviertel zusammen mit den gehackten Mandeln, den Nelken und der Zimtrinde in ein Glasgefäß füllen und den Wodka darübergießen. Das Gefäß gut verschließen und 10 Tage an einen sonnigen Platz stellen. Täglich schütteln. Dann den Zucker in ¹/₂ Liter Wasser zu Sirup kochen und abgekühlt über die Birnen gießen. Das Gefäß wieder gut verschließen und weitere 10 Tage stehenlassen. Mehrfach schütteln. Danach den Likör durch ein feines Sieb seihen oder filtern, in Flaschen füllen und verkorken.

Hagebuttenlikör

1 kg frische Hagebutten · 3 Nelken · 5 g Zimtrinde
2 g Kardamom · 1¹/₂ l Wodka · 500 g Zucker

Die gewaschenen Hagebutten durch den
Fleischwolf drehen. Anschließend zusammen
mit Nelken, Zimtrinde und Kardamom in ein
Glasgefäß füllen. Den Wodka angießen. Das Gefäß verschließen und 3 Wochen an einen sonnigen Platz stellen. Täglich schütteln. Danach den
Auszug filtern. Aus ¹/₂ Liter Wasser und dem
Zucker einen Sirup kochen und abgekühlt über
die Hagebutten gießen. Verrühren. Alles durch
ein Sieb gießen und mit dem Wodkaauszug vermengen. Den Likör in Flaschen füllen und
verkorken.

Schlehenlikör

1¹/₂ kg gut gereifte Schlehen
(besonders aromatisch sind sie
nach dem ersten Frost)
3 Gewürznelken · ¹/₂ Zimtstange
500 g Zucker · 1¹/₂ l Korn

Die Schlehen trockenwischen und mehrfach mit
einer Nadel einstechen. Zusammen mit Nelken,
Zimt und Zucker in ein Glasgefäß füllen und
mit Korn begießen. Das Gefäß verschließen und
4 Wochen an einen warmen Platz stellen. Mehrfach schütteln. Dann die Flaschen 2 Monate an
einem kühlen Platz aufbewahren. Den Likör
filtern, in Flaschen füllen und verkorken. Kühl
stellen.

Prilleken
für die Harzer Leckermäuler
Backwerk

Prilleken

500 g Mehl · 30 g Hefe · 100 g Zucker
¹/₄ l Milch · 80 g Butter · 1 Prise Salz
¹/₂ TL abgeriebene, unbehandelte Zitronenschale
Ausbackfett · Puderzucker

Das Mehl in eine Schüssel sieben, in die Mitte
eine Vertiefung drücken. Die zerbröckelte Hefe
und 1 Teelöffel Zucker in lauwarmer Milch verrühren und in die Vertiefung geben. Mit wenig
Mehl zu einem Hefevorteig verarbeiten. Auf dem
Mehlrand Butterflöckchen und Gewürze verteilen. Mit einem Tuch bedeckt 1 Stunde an einem
warmen Platz gehen lassen. Den Teig zusammenschlagen und durchkneten. Er muß ge-
schmeidig sein. Kleine Bällchen formen, etwas
flachdrücken und auf ein Holzbrett setzen.
Zugedeckt 1 Stunde gehen lassen. Die Bällchen
schwimmend in siedendem Fett goldbraun ausbacken. Mit einem Schaumlöffel herausnehmen,
abtropfen lassen und mit Puderzucker besieben.
Übrigens: Mancherorts werden aus dem Teig
Brezeln, Kränze oder Stangen geformt und wie
oben beschrieben ausgebacken. Prilleken, auch
Kräbbel oder Kräbbelchen genannt, sind ein
beliebtes Faschingsgebäck. Wenn es einem so
richtig gut gehen soll, braucht man nur diesen
Rat zu befolgen: »Zu Faselabend (Fastnacht)
mott man den Kummer ut'n Huse backen«. Das
Gebäck steht aber auch häufig nach dem
Schlachtfest auf dem Kaffeetisch. Denn beim
Schlachten fällt ja allerhand Schmalz an.

Butterkuchen

500 g Mehl · 30 g Hefe · 225 g Zucker
¹/₄ l lauwarme Milch · 1 kräftige Prise Salz
150 g Butter · 1 TL Zimt
4 EL gehackte Haselnüsse oder Mandelblättchen

Zwei Drittel des Mehls in eine Schüssel sieben,
in die Mitte eine Vertiefung drücken. Die Hefe
mit 1 TL Zucker in ¹/₈ Liter Milch verrühren und
in die Vertiefung gießen. An den Rand 3 EL Zukker, Salz und 50 Gramm weiche Butter geben.
Diesen Vorteig 10 Minuten gehen lassen. Die
restliche Milch zugeben und den Teig mit einem
Rührlöffel so lange schlagen, bis er Blasen wirft.
Dann das restliche Mehl zugeben. Der Teig muß
weich bleiben. An einem warmen Ort so lange
stehen lassen, bis er doppelt so hoch ist. Gut
durchkneten und auf einem mit Butter ausge-
pinselten Backblech ausrollen. Die restliche
Butter in Flöckchen aufsetzen, den restlichen
Zucker mit dem Zimt vermischen und mit den
gehackten Haselnußkernen aufstreuen. Nochmals 10 Minuten gehen lassen. Im vorgeheizten
Backofen bei 200° C etwa 20 Minuten backen.

Übrigens: Nicht immer konnten die Harzer
ihren Hefeteig so gut belegen. Manchmal reichte
es gerade nur für ein bißchen Zucker. Dann
nannte man das etwas hart und trocken gerate-
ne Gebäck »Stippekauken«. Dieser Kuchen war
vorzüglich zum Trocknen geeignet und längere
Zeit haltbar. Stippte man ihn in den Kaffee, kam
wunderbarerweise das köstliche Zimtaroma erst
so richtig zur Geltung. Als »Stippekauken« be-

Prilleken. Dafür gab es früher spezielle Pfannen mit Vertiefungen

zeichnet man auch Pfefferkuchen (hartgewordene vom Weihnachtsfest). Sie verschwinden in Kaffee, Tee oder Hochprozentigem, ehe sie zum Gaumenvergnügen werden.

Heidweggen

30 g Hefe · 175 g Zucker · ¹/₄ l Milch · 500 g Mehl

1 Päckchen Vanillinzucker · 1 kräftige Prise Salz

2 Eier · 75 g weiche Butter · 150 g Rosinen

Kaffeesahne zum Bestreichen

Hefe und 1 TL Zucker mit 5 EL Milch verrühren. Das Mehl in eine Schüssel sieben, in die Mitte eine Vertiefung drücken. Die aufgelöste Hefe hineingeben und mit Mehl bestäuben. Den restlichen Zucker, Vanillinzucker, Salz, Eier, Butter an den Rand des Mehls geben. Nach 10 Minuten von der Mitte aus alle Zutaten verrühren. Nach und nach die restliche Milch zufügen und einarbeiten. Der Teig darf nicht zu fest sein. Gewaschene, abgetropfte Rosinen unterkneten. Den Teig 1 Stunde an einem warmen Ort gehen lassen. Danach Kugeln in Semmelgröße formen, mit Sahne bestreichen und im vorgeheizten Backofen bei 200° C etwa 35 Minuten backen. Übrigens: Heidweggen haben vielerlei Namen. Mancherorts heißen sie Hedwigsbrötchen, Hedewecken oder Hedewige. Sie werden mit oder ohne Rosinen, manchmal sogar mit Safran hergestellt. Oftmals wird ihnen auch eine Zuckerglasur verpaßt. Gemeinsam ist ihnen, daß sie aus Hefeteig gebacken werden und süß sind. Sie

waren eine beliebte Stärkung bei der Feldarbeit. Einen Aufstrich gab es allerdings nicht, einzige Zutat war der Zichorienkaffee.

Goslarer Gebildbackwerk: Springerle

4 Eier · 500 g Puderzucker

1 Päckchen Vanillinzucker

1 TL abgeriebene Zitronenschale · 500 g Mehl

1 Msp. Hirschhornsalz · 20 g gemahlener Anis

Die Eier mit dem Zucker und der abgeriebenen Zitronenschale schaumig schlagen. Nach und nach das Mehl, das in lauwarmem Wasser aufgelöste Hirschhornsalz und den Anis zugeben. Alles zu einem festen Teig verarbeiten und 2 Stunden ruhen lassen. Den Teig 8 Millimeter stark ausrollen und mit bemehlter Form Rechtecke ausstechen. Besonders schön und vor allem echt ist das Gebäck natürlich nur, wenn mit Hilfe von Modeln zauberhafte Gebäckbilder hergestellt werden. Die Teigstücke auf ein mit Butter bestrichenes Backblech setzen und 24 Stunden in einem kühlen Raum trocknen lassen. Danach im mäßig warmen Ofen bei geöffneter Tür 15 Minuten vorbacken. Anschließend noch 10 Minuten bei geschlossener Tür und mäßiger Hitze nachbacken.

Springerle sind nur »richtig«, wenn sie oben weiß bleiben und unten ein goldgelbes Unterteil haben. Sie müssen beim Backen in die Höhe »springen« – so erklärt sich der Name.

Übrigens: Die Goslarer lieben auch ihr »Gebildbrot« – süßes Hefebackwerk in Form von Kränzen, Zöpfen, Figuren.

Schmantkuchen

Für den Teig:

500 g Mehl · ½ TL Salz · 30 g Hefe

¼ l lauwarme Milch · 50 g weiche Butter · 2 EL Zucker

1 Ei · 1 TL abgeriebene Zitronenschale

Für den Belag:

1½ l Milch · 1 Päckchen Vanillinzucker

100 g Zucker · 125 g Grieß

1 Päckchen Puddingpulver Vanillegeschmack

6 Eier · 375 g Schmant (saure Sahne)

4 EL Crème fraîche

Für den Teig das Mehl mit dem Salz in eine Schüssel sieben und in die Mitte eine Vertiefung drücken. Die Hefe hineinbröckeln, die Hälfte der Milch daraufgeben und verrühren. Butterflöckchen und Zucker auf dem Mehlrand verteilen und alles mit einem Tuch bedeckt 30 Minuten gehen lassen. Die restliche Milch, Ei und Zitronenschale zufügen und alles mit einem Holzlöffel oder mit dem Knethaken des Handrührgerätes so lange schlagen, bis sich der Teig vom Schüsselboden löst. Zugedeckt eine Stunde an einem warmen Ort gehen lassen.

Den Teig in der Größe des Backbleches ausrollen und auf ein gefettetes Backblech heben.

Für den Belag 1 Liter Milch mit dem Vanillinzucker und 50 Gramm Zucker zum Kochen

bringen. Den Grieß in dünnem Strahl einrühren und zu einem Grießbrei ausquellen lassen. Aus der restlichen Milch, dem Puddingpulver und dem restlichen Zucker einen Pudding kochen. Grießbrei und Pudding miteinander vermischen. Die Eier trennen. Mit 4 Eigelb die Grieß-Pudding-Masse legieren. 4 Eiweiß zu Schnee schlagen und unterheben. Die Masse auf dem Hefeteig verteilen. Saure Sahne, Cremè fraîche, die restlichen Eigelb und das restliche steifgeschlagene Eiweiß verrühren und auf den Belag streichen. Im vorgeheizten Backofen bei 200° C 45 Minuten backen.

Variante: Je nach Jahreszeit und Appetit verteilt man auch auf dem Hefeteig fruchtige Köstlichkeiten wie Heidelbeeren, Brombeeren, Johannisbeeren, Pflaumen, Kirschen oder Äpfel. Darauf gehört unbedingt eine Decke, der »Sulf«. Dafür bringt man 1 Liter Milch mit einem Stückchen Vanillestange und 100 g Zucker zum Kochen. Dann rührt man 125 g Grieß hinein und läßt ihn zum Grießbrei ausquellen. Zuletzt legiert man mit 2 Eigelb und rührt 8 Eßlöffel Crème fraîche oder saure Sahne unter.

Soll der »Sulf« eine besonders schöne Farbe bekommen? Da kennen die Harzer einen Trick: Der Grießbrei wird halbiert. Nur an eine Hälfte gibt man Eigelb und saure Sahne. Jetzt streicht man auf das Obst zunächst den eilosen Sulf, den anderen Teil darüber. Ob es bei der Köstlichkeit noch dieser Aufforderung bedarf: »Junge, itt un drink, datte dicker warst. Kriste ok en nie'n Anzuch!«

Semmelkuchen

6 altbackene Semmeln · 6 Eier

250 g gehackte Mandeln · 150 g Zucker

2 EL Butter · 1 kräftige Prise Salz

¼ l Schlagsahne

Die Semmeln reiben. Eier zufügen und zu einem
Teig verkneten. Die Mandeln, 125 g Zucker und
das Salz untermischen. Eine Kastenform ausbuttern und den Teig einfüllen. Butterflöckchen
aufsetzen. Im vorgeheizten Backofen bei 200° C
40 Minuten backen. Mit Kompott von Wald-
beeren servieren. Die Sahne steif schlagen, den
restlichen Zucker zugeben und dazu reichen.

Halberstädter Mohrrübenkuchen

6 Eier · 300 g Puderzucker

350 g geraspelte Mohrrüben

1 EL geriebene Zitronenschale · 4 EL Zitronensaft

70 g Mehl · 1 Messerspitze Backpulver

100 g Semmelbrösel · 1 TL Zimt

100 g gehackte Mandeln

Für die Glasur:

200 g Puderzucker · 4 EL Zitronensaft

Die Eier trennen. Eigelb mit dem Puderzucker
schaumig rühren. Mohrrüben, Zitronenschale
und -saft, Mehl, Backpulver, Zimt und Mandeln
einrühren. Eiweiß zu Schnee schlagen und unter
den Teig heben. Diese Masse in eine ausge-

butterte Springform füllen. Im vorgeheizten
Backofen bei 200° C etwa 35 Minuten backen.
Den Kuchen auskühlen lassen. Puderzucker mit
Zitronensaft verrühren und den Kuchen damit
glasieren.

Plundergebäck

600 g Mehl · 50 g Zucker · 1 kräftige Prise Salz

1 TL Vanillinzucker · 50 g weiche Margarine

1 Ei · ⅛ l Milch · 50 g Hefe · 100 g Butter

500 Gramm Mehl sieben. Zucker, Salz und Vanillinzucker untermischen und Margarineflöck-
chen darauf verteilen. Das Ei mit der Milch und
der Hefe verquirlen und nach und nach mit den
anderen Zutaten zu einem festen Hefeteig verkneten. Die Butter und das restliche Mehl miteinander vermengen, eine Platte daraus formen
und zusammen mit dem Hefeteig an einen kühlen Platz stellen, denn Butterplatte und Teig
müssen bei der weiteren Verarbeitung die glei-
che Temperatur haben. Nach etwa 2 Stunden
den Hefeteig zusammenschlagen und nochmals
1 Stunde kalt stellen. Auf die Mitte die feste Butterplatte legen und die Teigränder darüber-
schlagen. Das Teigstück ausrollen, bis es doppelt so groß ist, und 3teilig zusammenschlagen.
Diesen Vorgang mehrmals wiederholen.

Aus diesem Plunderteig formt man Brezeln,
Hörnchen, Schnecken, Kränze. Besonders beliebt sind Taschen mit einem süßen Innenleben
aus Pflaumenmus, Pudding, Mandelmasse,

Topfkuchen

Äpfeln oder Konfitüre. Anschließend wird das Plundergebäck im vorgeheizten Backofen bei 220° C etwa 20 bis 25 Minuten gebacken. Danach krönt man es mit einer Zuckerglasur.

Ballbäuschen

100 g Butter · 4 EL Zucker · 1 Päckchen Vanillinzucker

1 kräftige Prise Salz · 2 Eier · 4 EL Schlagsahne

250 g Mehl · 2 gestrichene TL Backpulver

Ausbackfett · Puderzucker

Butter, Zucker, Vanillinzucker, Salz, Eier und Sahne verquirlen. Das Mehl mit dem Backpulver vermischen und nach und nach einrühren. Von dem Teig mit 2 Teelöffeln kleine Bällchen abstechen und in heißem Fett ausbacken. Mit Puderzucker besieben.

Topfkuchen

250 g Rosinen · 200 g Korinthen · 1 Tasse Rum

300 g Butter · 200 g Zucker · 6 Eier

1 TL abgeriebene Zitronenschale

1 kräftige Prise Muskatblüte

800 g Mehl · 2 Päckchen Backpulver

1/2 l Milch · 175 g süße Mandeln

Die gewaschenen Rosinen und Korinthen mit Rum begießen und vorquellen lassen. Butter, Zucker, Eier, abgeriebene Zitronenschale und Muskatblüte vermischen und schaumig schla-

gen. Das Mehl mit dem Backpulver durch ein Sieb geben und nach und nach mit der Milch einrühren. Den Teig so lange schlagen, bis er glatt ist. Die Mandeln überbrühen, von der Haut befreien und fein hacken. Zusammen mit den abgetropften Rosinen und Korinthen zum Teig geben. Eine Napfkuchenform ausfetten, den Teig einfüllen und im vorgeheizten Backofen bei 220° C etwa 60 Minuten backen. Den Kuchen nach Belieben mit Puderzucker besieben oder mit einer Zuckerglasur überziehen.

Wernigeröder Birnenkuchen

5 Birnen · 1/8 Liter Weißwein

1 TL Zimt · 150 g Butter · 150 g Zucker

4 Eier · 400 g Mehl · 1 Päckchen Backpulver

6 EL Milch · 4 EL Haferflocken · 1 EL Weinbrand

1 Messerspitze geriebene Muskatnuß

2 EL Puderzucker · Butter für die Form

Die Birnen schälen, halbieren, Stiel und Kerngehäuse entfernen. Den Wein mit dem Zimt erhitzen und die Birnenhälften hineingeben. 5 Minuten köcheln lassen. Die Birnenhälften herausnehmen und abtropfen lassen. Die Butter mit dem Zucker schaumig schlagen, die Eier unterrühren. Das Mehl sieben und mit dem Backpulver vermischen. Nach und nach mit der Milch, den Haferflocken, Weinbrand und Muskat unterrühren. Eine Springform ausbuttern und zwei Drittel des Teiges einfüllen. Die

Birnenhälften mit der Wölbung nach oben darauf anordnen. Den restlichen Teig darauf verteilen. Im vorgeheizten Backofen bei 200° C etwa 60 Minuten backen. Abkühlen lassen, aus der Form nehmen und mit Puderzucker besieben.

Honigkuchen

1 kg Honig · 500 g Zucker · 1,5 kg Mehl

500 g gehackte Mandeln, darunter 2 Bittermandeln

250 g feingeschnittenes Zitronat

1 EL Zimt · 1 TL gemahlene Nelken

1 EL abgeriebene, ungespritzte Zitronenschale

15 g Pottasche · 8 g Hirschhornsalz

Den Honig mit dem Zucker erhitzen und anschließend auskühlen lassen. Mehl, Mandeln, Zitronat und Gewürze einarbeiten. Pottasche und Hirschhornsalz mit etwas lauwarmem Wasser verrühren und zum Teig geben. Den Teig kühl stellen und 24 Stunden ruhen lassen. Der Teig reicht für zwei Kuchenbleche. Am Backtag den Teig bei Zimmertemperatur etwa 3 Stunden temperieren lassen. Den Teig ausrollen, auf ein gefettetes, mit Mehl bestäubtes Blech legen und im vorgeheizten Backofen bei 200° C etwa 20 Minuten backen. Noch warm in 10 cm große Quadrate oder Rhomben schneiden. Nach Belieben glasieren. Dafür 200 g Puderzucker mit 4 Eßlöffel Zitronensaft verrühren.

Variante: Zur Weihnachtszeit zaubern die Harzer Leckermäuler aus Honigkuchen »Brennewienskoschale«. Die Zubereitung ist ganz einfach: Über Honigkuchenstücke (manch einer reibt den Kuchen auch) streut man etwas Zucker und gießt Branntwein – am liebsten Doppelkorn – darüber. Auf diesen Stimmungsmacher freut man sich schon das ganze Jahr. Die Kinder dürfen Honigkuchenpudding löffeln.

Osteroder Flottkuchen

500 g Mehl · $^3/_{16}$ l Milch · 40 g Hefe

1 Prise Salz · 75 g Zucker · 100 g Butter

2–3 Becher süße Sahne (Flott)

Das Mehl in eine vorgewärmte Schüssel geben und in die Mitte eine Vertiefung drücken. Die Hefe mit etwas lauwarmer Milch, 1 Teelöffel Zucker und dem Salz glatt rühren und in die Vertiefung gießen. Mit soviel Mehl vermengen, daß ein Vorteig entsteht. Diesen mit etwas Mehl bestäuben und am warmen Ort 15 Minuten gehen lassen. Danach die Butter und den Rest der Milch leicht erwärmen und mit dem restlichen Zucker zum Mehl geben. Alles gut vermischen und den Teig so lange schlagen, bis er Blasen wirft. 20 Minuten gehen lassen.

Den Teig ausrollen, auf ein gefettetes Blech legen und die Ränder leicht hochdrücken. Nochmals gehen lassen. Den ganzen Teig rautenförmig einritzen. Die Sahne über den Teig gießen und sofort im vorgeheizten Backofen bei 200° C etwa 35 Minuten backen.

Südharzer Eierkuchen

1300 g Mehl · 400 g Zucker · 8 Eier

40 g Hirschhornsalz · 1/8 l Milch

400 g Margarine · 1 EL Butter

Zucker zum Bestreuen

Das Mehl in eine große Schüssel sieben. Zucker und Eier in eine Vertiefung in die Mitte geben.

Das Hirschhornsalz in der zimmerwarmen Milch auflösen und dazugeben. Margarine in Flöckchen darüberstreuen. Alles sorgfältig miteinander verkneten. Teig ausrollen und auf ein gefettetes Blech geben. Mit etwas Milch bestreichen und bei ca. 200° C goldbraun backen. Noch warm den Kuchen reichlich mit grobem Zucker bestreuen und in handliche Stücke schneiden.

Rezeptverzeichnis

Nach Sachgruppen und alphabetisch

Rezepte nach Sachgruppen

Rezepte alphabetisch

Zu den Fotos: Das Stift Kleines Heiliges Kreuz in Goslar (S. 1) · Die Harzquerbahn bei Hasselfelde (S. 2/3) ·
Hauszeichen in Goslar (S. 5) · Schankzeichen am Gasthaus »Goldenes Schlüsselchen« in Goslar (S. 23) ·
Schankzeichen »Zum Schloßkrug« in Quedlinburg (S. 31) · Schankzeichen »Goldener Vogel« in Seesen (S. 41) ·
Schankzeichen in Braunlage (S. 57) · Bäckerzeichen in Bad Harzburg (S. 65) · Türklopfer in Goslar (S. 75) ·
Einschließlich der Fotos S. 7–21: Gerald Große, Halle
Speiseaufnahmen: Grit Hentschel, München; The Food Professionals (S. 53) ·
Einband vorn: PUNCTUM; Sigrid Schmidt, Leipzig, Einband hinten: Uwe Hämsch, Leipzig

ISBN 3-7304-0372-9

© Verlag für die Frau GmbH · Leipzig 1994
Speisenzubereitung: Dieter Nothnagel, Küchenchef im
Travel-Charme-Hotel »Gothisches Haus«, Wernigerode
Einband und Typografie: Horst Adler
Lektorat: Christa Winkelmann
Satz: TypoLiner V & B Druck GmbH Leipzig
Gesamtherstellung: Messedruck Leipzig GmbH
Printed in Germany